KB121827

'특수교사 원재연'을 온전히 받아주시길……

그와 우연히 페이스북 친구가 되었다. 선생이라는 같은 직업 때문이었을 게다. 페이스북이라는 프레임을 통해 본 그는 아주 흥미로웠다. 과학 선생 혹은 컴퓨터 전공자가 관심을 가질 만한 일들에 흥미가 있고, 주말이면 열심히 자전거를 탔다. 종종 가족을 위해 직접 요리하고 만든 음식 사진을 올리기도 했다. 아주 익살스러운 설명을 덧붙여서 말이다.

어느 날 그는 교장 선생님의 부탁을 받고 고민이라는 글을 올렸다. 내년에 혁신부장을 맡아줬으면 좋겠다는 말씀을 들었다고 했다. 글 속에는 이미 수락의 뜻이 엿보였고, 그 소임을 잘 해낼 수 있을지에 대한 걱정이 담겨 있었다. 한 오지랖 하는 나는 곧 댓글을 달았다. 꼭 해보시라고, 아마 많은 것을 얻고 크게 성장하는 계기가 될 수 있을 것이라고 말이다. 예상대로 그는 혁신부장을 맡았고 그 일을 잘 해냈다.

얼마 후, 신규 교육전문직 연수에 강의하러 갔다가 처음으로 그를 만났다. 처음 만났지만 오래 교우했던 사람 같았다. 기념으로 함께 찍은 사진 속의 내 표정은 유난히 밝았다. 그는 만남만으로도 기분이 좋아지는 사람이었다. 그리고 또 얼마 후 그는 내가 근무하는 교육지원청으로 발령을 받았다. 6개월의 짧은 기간이었지만 동료로서 함께한 그는 페이스북에서 본 그 사람과 똑같은 사람이었다. 밝고 따뜻했으며 능력 있고 겸손했다.

그가 자신이 쓴 특수교사들을 위한 책에 추천사를 부탁했다. 부끄러운 고백이지만 40년에 가까운 교육 경력을 가지고 있어도 특수교육은 잘 모른다. 그럼에도 불구하고 이 일을 기꺼이 맡은 것은 특수교사로서 그가 쌓아온 지식과 경험 이전에 그가 어떤 사람인지가 온전히 전해지길 바라는 마음에서였다.

그는 책을 준비하면서도 이 정도 수준의 글을 책으로 내도 될지 자주 걱정했다. 하지만 나는 걱정하지 않는다. 글이 단순히 '텍스트의 의미'만 전달하는 게 아니라 독자가 느끼지 못하는 사이 글쓴이의 모든 것을 전한다고 믿기 때문이다. 그는 선배로서 전해주고 싶은 것들을 적어 내려갔다. 이 글을 읽은 후배들이 앞서 실천한 선배의 목소리에서 많은 도움을 얻으리라고 믿는다.

나는 희망한다. 그가 여기에 쓴 지식과 경험 외에도 그의 가치관, 사고방식, 삶을 대하는 태도와 같은 것들도 온전히 전해지기를. 교사들이 학생들에게 전하고자 하는 것이 단순한 텍스트가 아니듯이 후배들에게 단순한 지식이 아니라 그가 생각하고 꿈꾸는 것들이 온전히 전해지기 바란다. 가장 도움이 필요한 아이들을 위해 기꺼이 어려운 특수교사의 길을 선택한 이들에게 가장 필요한 것이 바로 그것이기 때문이다.

원재연 장학사님, 그리고 지금 이 순간에도 제자들을 위해 남다른 헌신과 열정을 쏟고 있는 모든 특수교사의 행운과 건투를 기원한다.

- 김현철(이동초등학교 교장)

특수
교사
119

특수교사119

초판 1쇄 발행 | 2020년 4월 20일
초판 4쇄 발행 | 2024년 6월 20일

지은이 | 원재연

발행인 | 김병주
출판부문 대표 | 임종훈
주간 | 이하영
편집 | 권은경
디자인 | 박대성, 이수정
마케팅 | 박란희
펴낸 곳 | (주)에듀니티(www.eduniety.net)
도서문의 | 070-4342-6110
일원화 구입처 | 031-407-6368 (주)태양서적
등록 | 2009년 1월 6일 제300-2011-51호
주소 | 서울특별시 중구 남대문로 117 동아빌딩 11층

ISBN 979-11-6425-056-1 (13370)
책값 19,800원

아무도 알려주지 않은 특수학급 운영법

특수교사 119

원재연 지음

에듀니티

특수교육을 시작하는 선생님께

신규교사 연수에 종종 강의를 간다. 신규교사 연수는 합격의 기쁨과 함께 시작되는 연수여서인지 다른 어떤 강의보다 분위기가 좋다. 하지만 그 기쁨도 잠시, 신규교사들은 앞으로 마주해야 할 학교생활에 대한 현실이 걱정으로 다가온다고 한다. 신규교사 연수 강의 때마다 매번 느끼지만 신규 선생님들은 같은 고민으로 교사 생활을 시작하는 것 같다. 특수교사로 첫발을 내딛는 이들의 고민을 살펴보면 아래와 같다.

| 신규교사의 고민 |

- 특수학급 교육과정 편성을 어떻게 하는지 모르겠어요.
- 개별화교육계획IEP 작성과 수업(개별 학생별 수업 진행 방법) 연계는 어떻게 하죠?

- 학부모, 학생, 동료교사들과 좋은 관계를 만드는 것에 대한 고민이 많아요.
- 교육현장에서 실제 업무(행정업무 등) 수행이 고민됩니다.
- 통합교육(일반교사와의 관계, 장애이해교육 등), 도대체 어떻게 하는 거죠?
- 효율적인 학급운영과 학생중심 수업을 어떻게 이끌어 나갈지 고민입니다.
- 학생의 돌발적 문제행동은 어떻게 다루나요?
- 제가 배운 것들을 현장에 나가 적절하게 잘 사용할 수 있을지 걱정됩니다.
- 학생들은 물론 동료교사나 교장·교감 선생님들께도 좋은 교사가 되고 싶은데 제가 잘할 수 있을까요?

위 내용은 내가 신규교사 연수와 '교육 공감 토크'* 때 받았던 수많은 질문 중에 반복된 내용을 추린 것이다. 신규교사의 질문은 크게 행정업무, 교육주체들 간의 관계(일반교사, 학부모, 학생), 학급운영, 생활지도, 수업 전문성 등으로 나눌 수 있다. 위 내용을 보면 알 수 있듯이 특수교사는 일반교사에 비해 해야 하는 일이 너무 많다. 수업은 기본이고 학급운영, 행정

* 경기도교육연수원의 신규교사 연수 커리큘럼 중 하나로 교사 삶에 대한 강의자의 간단한 기조발언 후 자유롭게 묻고 답하는 형식으로 진행되는 대화의 시간.

업무와 통합교육, 진로교육에다 일반학생들과 특수학급 학생들 사이의 관계 개선 그리고 다른 교직원과의 소통, 생활지도와 학부모 상담, 보조인력과의 협력 등 다방면으로 일이 산재해 있다.

특수교사는 다재다능해야 한다. 다多교과를 지도하며 학생의 기본 생활습관까지 챙겨야 한다. 고등학교 특수학급의 경우는 현장실습을 포함하여 진로직업지도 및 진학·취업 준비까지 이끌어야 한다. 정말이지 특수교사는 멀티 플레이어여야만 한다. 고등학교 특수학급에 근무할 때 나는 고3 아이들의 취업을 위해 명함을 들고 각종 사업체를 돌아다니기도 했다.

이런 고민은 신규 특수교사만 하는 것이 아니다. 경력교사라고 다르지 않다. 경력이 쌓이면서 이러한 고민들이 차츰 해소되어야 할 텐데 오히려 반대인 경우도 많다.

특수교사를 양성하는 대학에서는 특수학급에 필요한 구체적 활동을 교육과정에 담아내지 못하고 있다. 특수교사 혼자서 맨땅에 헤딩하는 심정으로 알음알음, 고군분투하며 뚝딱뚝딱 만들어가는 경우가 대부분이다. 그래서 이 책을 통해 미약하나마 특수교사가 만들어가야 할 수업, 생활지도, 통합교육, 진로교육, 장애이해교육, 업무 및 학급운영, 예산 그리고 보조인력과의 관계 등 특수교사가 담당하는 영역에 대한 내 경험을 나누고자 한다.

학생이 행복한 학교를 만들기 위해 가장 우선되어야 하는 것은 교사의 행복이라고 생각한다. 이 책이 특수교사가 교사로서 자신의 행복을 자유롭게 그려나가는 데 많은 도움이 되었으면 한다. 우리 아이들을 위해 애쓰는 많은 선생님들이 학생들과 함께 더욱 즐겁고 행복한 이야기를 만들어가기를 소망하며, 아무도 알려주지 않는 특수학급 이야기와 앞으로 우리가 함께 만들어가야 할 특수교육 이야기를 그려보고자 한다.

2020학년도는 코로나19 사태로 인하여 사상 초유의 온라인 개학이 시작되었다. 처음 겪는 온라인 개학으로 신규 특수교사뿐만 아니라 모든 특수교사들이 어떻게 온라인 수업을 만들어가야 할지 막막해하고 있다. 장애를 갖고 있는 아이들을 위해 어떻게 수업을 해야 하는지 현장에서 문의가 많이 들어온다.

일반학교 교사들도 온라인 수업으로 인해 스마트기기 조작 및 원격수업 서비스 프로그램 활용에 대해 어려움을 겪고 있는데, 활동 중심의 수업을 해야 하는 특수교사는 온라인 수업에 대한 고민이 더 크다. 이러한 과정 속에서 기존 교육의 패러다임과 공간을 넘어 언제 어디서든 배움이 일어날 수 있는 체계를 구축하는 기회로 삼아보는 것은 어떨까? 어쩌면 온라인 개학이 클라우드와 화상 기반의 새로운 교육 인프라 형성의 마중물이 될지도 모른다.

미국의 살만 칸Salman Khan*은 수년 전부터 칸 아카데미 설립하고 유튜브와 영상으로 원격수업을 이미 실천하고 있고, 한국형 온라인 공개강좌인 K-MOOC는 온라인을 통해 누구나, 어디서나 원하는 강좌를 무료로 들을 수 있도록 하였다. 이미 일반교육에서는 교실 공간을 넘어 온라인 학습이 실시되고 있다.

요즘 아이들은 유튜버가 되는 것이 꿈이다. 유튜브로 정보를 얻고 학습을 하고, 텍스트보다 영상이 더욱 익숙한 세대다. 특수교육대상학생이라고 예외는 아니다. 수요자의 변화와 온라인 개학이라는 기회(?)를 통해 교실을 넘어 다양하게 아이들과 만날 수 있는 수업을 그려나가보자. 이와 발맞추어 특수교육과 접목한 온라인 컨텐츠를 개발한다면 시공간을 넘어 언제 어디서든 학습이 이루어질 수 있는 교육적 변화의 초석이 될 것이다.

이러한 시점에서 우리는 무엇을 어떻게 준비해야 할까? 이 책을 통해 이에 대한 고민을 함께 나누고자 한다. 마지막으로 칸 아카데미 운영자 살만 칸의 저서 《나는 공짜로 공부한다》의 문구를 인용하며 머리말을 마무리한다.

"정규교육은 바뀌어야 한다. 실제 세상에 좀 더 가깝도록, 인

---

* 비영리 교육 동영상 사이트 '칸 아카데미' 창업자. 구글 공모전에서 칸 아카데미는 세상을 바꿀 5가지 아이디어로 선정되었다.

간이 실제로 배우고 자라는 방식과 좀더 조화를 이루도록 바뀔
필요가 있다."

이 시대를 살아갈 아이들을 가르치는 교사는 명심해야 할
것이 있다. 내가 경험했던 세상과 지금 아이들이 경험하는 세
상은 서로 같지 않음을 우리는 인정해야 한다. 내가 변화하지
않으면 교육도 변하지 않음을 잊지 말자. 어쩌면 우리 특수교
육의 변화 시점은 지금이 아닐까?

교사가 된다는 것의 최고의 매력은 교직이 중요한 일이며 특히 학생에게
변화를 가져온다는 점이다. 교직이 어려운 이유는 단 하루도 빠짐없이
중요하기 때문이다.

- 토드 휘태커

2020년 봄
원재연

| 차례 |

3. 통합교육을 고민하다

4. 특수교육의 꽃, 개별화교육계획(IEP)

5. 학급운영 매뉴얼

6. 효율적인 행정업무

7. 특수학급 실천 이야기

특수교사가
먼저
생각할
것들

특수교육의 목표는
무엇일까요?

특수학급 교육과정을 만들어야 하는데 어떻게 하면 알차게 만들 수 있을까요? 기존의 틀에서 벗어나 나만의 특수학급 교육과정을 만들어보고 싶어요.

처음 특수학급에 발령받으면 가장 고민되는 것이 특수학급 교육과정(학급운영 계획)일 것이다. 학교에서는 학교 단위로 '학교 교육과정'을 계획한다. 계획은 참으로 중요하다. 교사가 학교에서 하는 모든 교육활동이 교육과정을 기반으로 이루어지기 때문이다.

특수학급 교육과정에는 한 해 동안 아이들과 함께 지내면서 교사가 해야 하는 모든 교육활동들이 담겨 있어야 한다. 학생 기초자료, 교과 교육과정, 시간표, 통합교육계획, 개별화교육계획 IEP, 성교육 및 학교폭력 예방교육, 진로교육, 현장체험학습계획 등이 작성된다. 이렇게 다양한 활동 계획을 세우기 위해서는 교사가 학생의 특성과 마음을 읽을 수 있어야 하며 학부모의 요구가 무엇인지 파악해야 하고, 학교 교육공동체의 비전은 물론 지역사회와 어떻게 함께할지도 고민해야 한다.

일반교육 속에 특수교육이 함께하듯 특수학급 역시 학교 공동체 안에 있는 하나의 줄기라는 것을 명심해야 한다. 그래서 특수교사는 학교 안으로 들어가 구성원으로서 그 역할의 비중을 높이고 활동 영역을 넓혀야 한다. 이러한 모든 활동의 기초선이자 기준이 되는 것이 바로 특수학급 교육과정이다.

학교에서 하는 모든 교육활동은 시행하기 전에 그 목적과 관련 근거를 제시할 필요가 있다. 특수교육의 근본적인 목표는 무엇인가? 자립? 장애 극복? 학습력 향상?

"집에 있는 가전제품 중 가장 큰 것은 무엇인가요?"라고 물으면 대부분 "세탁기" 혹은 "냉장고"라 대답한다. 그러나 이제는 "자동차!"라고 외칠 수 있는 관점의 변화가 필요하다. 현재를 항상 새로운 시각으로 바라볼 수 있는 유연한 사고가 필요한 것이다. 이런 맥락에서 특수교육의 목적도 관점의 변화가 필요하다. 그동안은 특수교육대상학생의 부족한 기초학력과 장애, 개별적 특성으로 인한 핸디캡을 채워주려고만 했다. 하지만 이제는 채움을 넘어 장애학생의 강점과 가능성을 발견하고 이를 기를 수 있게 해야 한다.

특수교육의 목표는 특수교육대상학생이 사회의 구성원으로서 자기 역할을 다하게 돕는 것이라고 생각한다. 국가수준교육과정의 초중고 교육목표를 살펴보면 알겠지만, 초중고 교육목표의 공통분모는 '민주시민으로서의 자질 함양'이다. 특수교사 역시 특수교육대상학생이 사회의 일원으로, 올바른 민주시민으로 자랄 수 있도록 이끌어야 함을 잊지 말아야 한다.

교사가 아이들을 가르치기에 앞서 자신의 가치관과 철학을 갖지 못했다는 것은 매우 슬픈 일이다. 우리는 아이들을 위한 교육의 방향성을 끊임없이 새롭게 만들어가야 한다. 단순히 교육내용을 전달하는 수업이 아닌, 아이들과 그 부모들이 함께 소통하고 공감하는 수업을 만들어야 하지 않을까? 특수학급 운영을 어떻게 할지 고민을 함께 나누고, 아이들과 함께 걸어갈 특수교육의 그림을 지금부터 자유롭게 그려나가자.

해마다 새 학년이 시작되면 나만의 학교, 수업 이야기를 만들어가자. 수업 프로젝트 제목을 만들고 가르침의 내용을 글, 표, 그림 등으로 다양하게 만들어보자.

물론 현장에서 매년 특수학급 교육과정을 새롭게 만들어가는 것은 쉽지 않다. 하지만 군더더기를 빼고 가장 필요한 것이 무엇인지에 대해 간단하게 계획한다면 생각보다 어렵지는 않다. 예를 들어 통합교육계획, 개별화교육계획IEP, 현장체험학습계획 같은 것을 원론적이거나 현실과 거리가 먼 이야기로 나열하기보다 필요한 사항만 간단히 1~2쪽으로 표나 인포그래픽 등을 활용하여 보기 좋게 요약하여 작성하는 것이다.

많은 양의 특수학급 교육과정보다는 '목적-실행계획-기대효과'와 같이 3단계 구성으로 간단명료하게 구성해보자. 특수학급 교육과정을 수립하기 위해 교사가 우선 생각해봐야 할 점을 다음과 같이 정리해보았다.

첫째, 학교의 비전과 방향을 토대로 구체적인 학급 실천 이야기를 만들자. 전통적으로 사용했던 근면, 성실, 책임 등의 용어보다는 좀더 마음으로 다가올 수 있는 내용으로 고민하여 정하는 것이 좋다.

둘째, 학생과 학부모의 요구를 반영하자. 재학생의 경우는 학년 말 학급운영 평가나 상담을 통해 다음 학년에 대한 고민을 함께 나누고 고민하며 만들어가야 할 것이다.

셋째, 학교와 마을 주변의 삶을 담자. 마을의 특징을 특수학급 교육과정에 담아 마을과 함께하는 교육과정을 실천해보자.

학급 교육과정 계획은 구태의연한 형식에 구애받지 말고 자유롭게 작성해보자. 최대한 간단하고 재미있게 말이다. 책꽂이용 또는 결재용 특수학급 교육과정에서 벗어나 실제로 우리 아이들과 어떻게 한해살이를 할지에 대한 이야기를 담아내자. 이런 삶의 이야기로 특수학급을 만들어가는 것이 특수학급 교육과정의 진짜 모습이다.

우리 아이들,
얼마나 알고 계신가요?

우리 반 아이들에 대해 아직 모르는 게 너무 많아요. 장애특성을 비롯해서 아이들 성향이 너무도 다양해요. 학생 지도가 쉽지 않아 수업이 부담스러운 경우도 있는데 이럴 때는 어떻게 해야 하나요?

특수학교의 아이들은 중증 장애학생이 대부분이며, 학생의 개별적 특성을 파악하여 특수교육적 접근을 통한 교육활동을 적용한다. 내가 특수학교에서 근무할 때는 지역사회 활동과 인근 학교와 자매결연을 통한 동아리 통합 활동이 통합교육의 전부였다. 물론 이외에도 진로·직업교육과 같은 다양한 방법을 통한 직·간접적인 통합교육이 이루어지지만 일반학생과의 통합교육 기회는 그리 다양하지 못했다.

일반학교에 다니는 특수교육대상학생은 아이들의 장애 정도가 특수학교 학생보다 가벼운 경우가 많지만 장애 영역은 더 다양하다. 특수학급 학생이 일반학교 교육과정 내에서 교육활동에 참여할 때는 보다 직접적인 통합교육 지원이 필요하다.

신규교사이거나 새로 근무지를 옮긴 경우 학년 초에 아이들의 특성을 빠르게 파악하는 것이 무엇보다 중요하다. 대부분 특수교사는 전년도 담임 선생님과 업무 인수인계를 하면서 학생들 특성을 파악하기 시작할 것이다. 또 전년도 개별화교육계획IEP을 살펴보기도 할 것이다.

시작부터 목표를 염두에 두는 것이 중요하다. 목표 없는 교육은 바다 위를 방향성 없이 떠도는 배와 같다. 국가수준교육과정에서도 전체 목표가 뒤따른다. 아이들 교육적 성장의 방향타에 따라 다각적인 개별 목표가 수립되는 것이다. 그런데 많은 학교현장에서 교육목표는 형식적이고, 개별화교육계획IEP 역시 결재용으로 그 의미와 목적이 퇴색되고 있다.

학생의 특성을 파악하기 위해 학기 초에 각 가정에 조사지를 보내는 것이 좋다. 주로 하는 문제행동(도전행동)은 무엇인지, 친구 관계에서 어려움은 없는지, 이성에 대한 민감도나 학급 내에서 겪는 특별한 어려움 등 생활지도에 필요한 사항은 무엇인지 세세히 살펴야 한다. 또 학습 면에서는 읽고 쓰기가 가능한지, 자신의 생각을 글로 표현하는지, 숫자를 알고 있는지, 연산에 어려움이 없는지, 이외에 특별히 필요한 교육적 요구는 무엇인지도 파악해두어야 한다.

이렇게 아이에 대한 이해가 있어야 올해의 교육목표를 정하고 어디 어디까지 해보자라는 장단기 계획을 세울 수 있다. 그래야 교사의 수업 준비가 효율적으로 이루어지며, 아이가 천천히 변화하는 모습을 보며 지치지 않고 보람을 찾게 된다. 그러기 위해서는 우선 교사가 아이에게 가르칠 내용에 대해 명확히 이해하고, 이를 상황에 맞게 재구성하여 수업할 수 있어야 한다.

100명의 아이들이 있다면 100가지 개별적 상황이 있어서 일반화하기는 참으로 어렵다. '특수교육대상자'라는 이름으로 묶어서 부르지만 아이마다 장애의 정도, 특성 등이 모두 다르고 그에 맞는 교육방법도 다르다. 아이들 한 명 한 명에게 쏟아야 하는 관심은 아무리 많아도 부족하다. 아이들 모두에게 최선을 다하는 일을 효율적이면서도 지속적으로, 지치지 않고 해내는 길을 부단히 찾아나가는 수밖에 없다.

기초 조사서

▷ 올해는 신입생이 없어 작년과 동일하게 특수학급 3명의 친구들이 있습니다.
1학년 : 1-5 박○○, 1-6 이○○ / 2학년 : 2-1 진○○, 2-2 주○○
▷ 보내드리는 기초 조사서는 학생들에 대해 좀더 자세히 알고 가까이 다가가기 위한 소중한 정보들입니다. 다소 번거로우시더라도 시간을 내서 작성하신 후 학교로 보내주시기 바랍니다.

한마루반 담임 원재연

1. 인적사항

가족관계	이름			
	부 성명		연락처	
	모 성명			
	형제			
	기타 가족 수			
현재 거주지의 주소				
연락처	집			
	휴대폰			
기타 특이사항				

2. 실태조사

1) 자녀에게 장애가 있다면 어떤 장애를 갖고 있나요? 해당 없다면 작성하지 않아도 됩니다. (예: 지적장애, 발달장애 등)

2) 자녀의 건강 중 특히 신경 써야 하는 부분이 있다면 말씀해주세요.

3) 약을 복용하고 있다면 어떤 약인지 복용을 언제 하는지 내용을 써주세요. (예: 경기, 행동조절, 식욕억제 등)

4) 자녀의 장점을 알려주세요.

5) 자녀가 좋아하는 것과 싫어하는 것은 무엇인가요?

	좋아하는 것	싫어하는 것	기타
과목(분야)			
음식			
물건			
장소			
행동(활동/놀이)			
언어			

6) 요즘 가정에서 자녀에게 중점적으로 지도하는 것이 있다면 알려주세요.

7) 자녀가 다니는 복지관, 학원, 과외 등이 있다면 말씀해주세요.

교육기관(기관명)	요일	시간	교육활동 내용

8) 자녀의 행동 중 교실에서 될 행동이 있습니까? 있다면 어떤 것이라 생각하세요?

9) 교실에서 갑작스런 감정변화로 문제행동이 발생하면 어떻게 대처하는 것이 좋을까요? 부모님이 사용하시거나 생각하시는 방법을 말씀해주세요.

10) 자녀의 학교생활 중 가장 기대하는 부분이 무엇인가요? (예: 학습 향상, 사회성 향상, 기본생활태도 형성 등 자세히)

11) 특별히 경험했으면 하는 현장학습 장소나 체험활동이 있으시다면 말씀해주세요. (예: 도서관, 수영장, 마트, 영화관, 유적지 등)

12) 학교에서 학습적인 면이나 생활 태도 면에서 지도를 해주었으면 하는 것이 있다면 적어주세요.

13) 자주하는 습관이나 행동은 무엇이 있나요?

14) 마지막으로 문항 외의 말씀하고 싶은 사항이나 학생들의 특성 그리고 하고 싶은 말이 있다면 자유롭게 적어주세요.

15) 학부모 간담회 날을 최대한 빨리 잡도록 하겠습니다. 이전에도 언제든 필요한 것이 있으면 연락주세요.

감사합니다.

새 학년 새 친구 학생 기본 현황 조사지(예)

1. 특수교사가 먼저 생각할 것들

어떻게 학부모와
함께할 수 있을까요?

학부모의 전화를 받거나 상담할 때 무슨 이야기를 해야 할지 막막
해요. 가끔 아이들 이야기만 믿고 예민하게 반응하실 때는 어떻게 대
처해야 할지 모르겠어요. 어떻게 하면 학부모들의 신뢰를 얻고 내 편
으로 만들 방법이 없을까요?

학부모 상담이 어렵고 편하지 않은 것은 어쩌면 당연한 일
이다. 학부모의 요구가 학급운영에 대한 지나친 간섭은 아닌지,
또 학생 관련 요구사항이 일방적인 것은 아닌지 고민될 때가
많다. 처음에는 학부모가 친하지 않은 친구처럼 어색할 수밖에
없다. 그런데 학부모들도 마찬가지다(물론 정도의 차이는 있겠지

만). 선생님에게 어떻게 이야기해야 할지 전화 한 통, 문자 한 통도 쉽지 않다. 어찌 보면 같은 입장이다.

이런 서먹한 관계를 넘어서기 위한 노력은 의외로 쉽다. 친구나 다른 사람에게 친절하게 대하듯 학부모에게도 친절함으로 믿음과 신뢰를 주면 된다. 간혹 쌀쌀한 말투나 행동으로 학부모가 교사에게 불편한 마음을 느끼게 되면 그 이후부터 모든 것들이 사사건건 문제의 요소가 될 수 있다.

학부모에게 문자를 보낼 때도 말 한 마디 신경 써가며 따뜻하게 보내보자. 그러면 학부모도 친절한 메시지에 매번 기쁨으로 답장을 보낼 것이다. 직접 대면하지는 않았지만 작은 문자 한 통으로 학부모와의 상호 신뢰는 높아진다. 그러면 학교에 사소한 불만이 생기더라도 학부모가 직접 교사에게 항의를 하지 않고 오히려 선생님을 이해하려고 한다.

반대로 평소 학부모와의 관계가 껄끄럽거나 학부모와의 상호 신뢰에 문제가 있다면 가볍게 넘어갈 수 있는 문제도 교사에게 강력하게 문제를 제기하여 서로 마음에 상처를 입는 일이 발생할 수도 있다. 그래서 학부모와의 끊임없는 소통을 통해 상호 신뢰를 쌓는 것이 매우 중요하다. 따뜻한 마음으로 서로를 공감하기 위해 필자가 실천해본 것 중 효과가 좋았던 방법 몇 가지를 소개한다.

고등학교에 근무할 때 교감 선생님께서 교직원 회의 시간에

"학원에서는 아이들 케어를 위해 등하원 시 매번 문자를 보내며 아이 지도 관리를 해준다"라며 학교에도 문자 발송 시스템이 있으니 마음껏 사용하라고 하셨다. 당시 고등학교 선생님들은 문자를 활용하는 일이 많지 않아 교감 선생님께서 그리 당부한 것이었다. 나는 즉시 특수학급 일정, 학교 일정, 준비물 그리고 명절이나 새해 인사 등을 문자로 안내하기 시작했다. 하교 시에도 학부모에게 문자로 알렸다. 아주 사소한 것까지 문자나 카톡으로 학부모와 소통했다. 문자 시스템에 학부모 연락처를 모두 등록해놓고 하교 시 아이들이 몇 시에 하교를 했는지, 내일은 어떤 활동을 할 예정인지, 평소보다 일찍 하교하게 되면 그 이유가 무엇인지, 급식 여부까지 상세히 알렸다. 방학식 날에는 개학 안내 등 각종 전달사항을 넣어서 보냈다. 이러한 문자 소통이 대면 없이도 신뢰를 만들어준다. 학부모 입장에서는 학교를 더욱 신뢰하여 안심하고 아이를 맡기게 된다.

심지어 각종 통신사 ARS 상담 시 상담사가 했던 멘트나 상담 후 안내 메시지 등에 있는 내용을 메모해놓고 적절히 활용하기도 했다. 상담원의 친절 모드와 멘트는 타의 추종을 불허한다. 절대 강자다! 따라올 자가 없다. 그대로 벤치마킹하자.

학급 밴드, 클래스팅 등의 애플리케이션을 활용하는 방법도 있다. 밴드나 클래스팅 애플리케이션은 실시간으로 학급 일정이나 수업 활동사진 등을 공유할 수 있어 좋다. 고등학교의 경우 주로 선생님과 학생들의 방으로 활용되는데, 클래스팅은 학부모방이 따로 있어 잘 활용하면 학부모와 편안하게 소통하는 행복한 담임이 될 수 있다.

특수학급 내에서 학부모 워크숍이나 연수 계획을 세워 실시하는 것도 학부모와 소통하는 좋은 방법이다. 워크숍 및 연수를 통해 학부모들과 대화의 시간도 갖고 지역 내 복지관 담당자나 지역 기업 대표들을 섭외하여 특수학급 학생들 진로연수를 준비한다면 학부모와 서로 신뢰하는 관계로 행복한 교실과 학교를 만들어갈 수 있다.

교육학을 전공한 전문가라는 사명감으로 학부모에게 무언가를 알려주려고 노력할 필요는 없다. 그냥 학부모의 이야기를 많이 들어줘라. 공감이야말로 학부모에 대한 마음을 이해하고 읽어주는 최고의 소통법이다. 학부모와 자주 대화할수록 신뢰의 폭이 커진다. 내가 가르치는 학생의 학부모에게 친절함으로 먼저 다가서자. 무지개가 뜨려면 비와 햇살이 모두 있어야 한다. 학부모와 교사는 아름다운 무지개를 꽃피우기 위해 서로 협력하는 존재라는 것을 잊지 말자.

통합교육을 위해
무엇이 필요할까요?

아이들의 통합교육과 원만한 생활지도를 위해 통합학급 선생님과 긴밀하게 지내야 한다고 배우기는 했는데 당장 무엇을 해야 할까요? 통합학급 담임 선생님과 어떻게 지내야 하는지 알고 싶어요.

교육학자 앤디 하그리브스Andrew Hargreaves*는 행복한 학교의 3요소로 목적, 권한, 관계를 제시했다. '목적'이란 학교의 비전과 공동의 목표를 교육공동체와 함께 세워가는 것으로 학교의 지향점을 만들어가는 과정이라고 볼 수 있다. 목적과 비전을

* 보스턴 칼리지 린치스쿨 사범대학 교수, 《학교교육 제4의 길The Global Fourth Way》 저자

잘 이해하고 같은 곳을 바라본다는 것 자체가 교육공동체 구성원의 유능감과 만족감을 높여 학교 교육활동의 효용성을 높일 수 있게 된다.

교사는 학교에서 어떤 '권한'과 직무를 갖느냐에 따라 학교를 바라보는 관점이 달라진다. 자리가 사람을 만든다는 말이 있는 것처럼 교장·교감이나 교무부장, 연구부장 등의 입장에서는 학교 활동 만족도와 수행도에서 커다란 차이를 갖게 된다. 교육 이론에서도 학습자의 동기를 매우 중요하게 다룬다. 이는 교사에게도 마찬가지이다.

마지막으로 '관계'라는 요소가 있다. 위와 같은 것 외에도 관계성의 접점이 없다면 학교의 모든 활동에서 제약을 받게 된다. 일반학교에서 주로 독립적으로 있는 특수교사는 학교 동료와의 관계가 더욱 중요하다. 관계의 어려움은 교육활동에 단절이 생기게 한다.

특수교육에서 많은 비중을 차지하는 통합교육은 교사의 통합에서 시작된다. 특수교육대상학생에 관한 이야기는 교사 간의 친밀한 관계 속에서 자연스럽게 나오고 이런 소통이 학교 교육과정과 수업까지 자연스럽게 연장될 수 있기 때문이다. 교사의 단절은 통합교육의 단절이라고 해도 과언이 아니다. 그만큼 특수교육에서 특수교사의 관계성은 매우 중요하다. 관계성 향상을 위해서는 적극적으로 학교의 교육과정 활동에 참여해야 한다. 나만의 특수학급 만들기가 아니라 학교 전체의 교육활동을 만들어나가야 한다. 특수교사와 특수학급의 이야기가 일반학교 교육과정 속에서 하나의 축을 담당하도록 해야 한다.

학생의 만족감이 높은 학교의 특징은 학생 스스로가 학교에서 존중받고 있다고 느낀다는 것이다. 학생뿐만 아니라 교사도 마찬가지다. 특수교사가 행복하기 위해서는 특수교사가 존중받아야 한다.

특수학급 운영 외에 학교 구성원으로서 다른 역할을 맡는 것도 관계성을 높이는 데 중요한 요소가 된다. 학교 내 생활지도, 급식지도, 교내 행사 등 각종 사업에 주도적으로 참여하고 교육과정 설명회나 입학 설명회(고등학교) 등 행사에 함께 참여해야 한다.

나는 교내 각종 학교 행사(축제, 체육대회, 동아리 발표 등)의 영상자료를 만들어 교내 교직원들과 공유하기도 했다. 누가 시켜서가 아니라 학교 활동에 자발적으로 참여하면서 특수교사로서 내 역할을 주도적으로 찾아가는 것이 중요하다고 생각했기 때문이다. 학교 구성원으로 행복한 학교를 만들기 위해 스스로 방법을 찾아가는 과정의 하나였다.

특수교사의 관계성은 특수학급 교실을 넘어 학교 교육과정에 함께 참여할 때 이루어진다. 교실 밖으로 나가 특수학급의 활동 모습을 알리고 "우리 아이들 이렇게 공부를 하고 있어요."

라며 끊임없이 이야기하는 것이 필요하다. 특수교사의 재능과 특기를 살려 학교에서 내가 할 수 있는 것이 무엇인지 찾아가며 학교 교육과정에 함께 참여하려는 노력도 필요하다. 나는 학교에서 어떠한 역할을 할 수 있는가? 스스로에게 질문을 던져보자.

교사의 힘은
어디서 나올까요?

일반교과 선생님은 교과서를 중심으로 학교와 학생의 실정에 맞게 교육과정을 재구성하여 수업을 하는데 특수학급은 어떻게 해야 하나요? 수업을 체계적으로 할 수 있는 방법이 없을까요?

교사는 가르침의 주체이자 학생의 거울이다. 교사의 힘은 수업의 전문성에서 나오고 보람도 그 안에서 찾게 된다. 내가 가르치면서 즐겁지 않다면 당연히 학생들도 수업이 즐겁지 않다. 즐거운 수업을 위해서 교사는 교과서를 넘어 다양한 분야에 관심을 가질 필요가 있다.

요즘 배움중심수업에 대한 이야기를 많이 한다. 배움중심수업은 도대체 무엇인가? 배움중심수업은 삶에 필요한 역량을 기르기 위한 자발적 배움이 일어나는 수업이라고 할 수 있다. 특수학급 학생은 삶의 맥락에서 배움을 경험하고, 교사는 성찰과 나눔으로 성장하게 하는 수업이다.

현재 교육과정의 특징은 교사중심에서 학생중심 교육과정으로 변화되고 있으며 학교현장에서도 변화에 발맞추고자 노력하고 있다. 아니, 이미 학생중심 교육과정이 정착되는 단계라고 해도 과언이 아니다. 교사가 일방향으로 제시하는 교육활동에서 학생이 주도적으로 수업을 만들어가는 교육과정으로 변화하고 있다고 이해하면 될 것이다.

특수학급의 체계적인 수업 계획을 위해서는 가르치고자 하는 내용이 특수교육 교육과정에 반드시 포함되어야 한다. 교육과정은 가르칠 교과가 선정되면 어떻게 가르칠 것인가를 교사가 계획하고 만들어가는 것이다. 궁극적인 교사별 교육과정의 시작인 셈이다.

일반학교는 좀더 제한된 학교 제도권(NEIS 연동 등)에 있기에 다소 유연성이 부족하지만, 학급운영의 자율성이 어느 정도 확보된 특수학급은 교사별 교육과정을 만들기 좋다. 그러나 꽤 많은 역량과 높은 전문성이 필요한 일이다. 그렇기에 혼자가 아닌 지역별 특수학급 전문적학습공동체 또는 연구회 등을 통해서 교과 교육과정을 함께 만들며 전문성을 키울 필요가 있다.

고등학교의 수학 교사를 보고 "나도 수학 교사 할 수 있어." 라고 쉽게 말하지 못한다. 그 이유는 무엇인가? 그들만의 전문성이 있기 때문이다. "특수교사쯤이야."가 아니라 "특수교사는 확실히 이해의 폭과 접근 방법이 다르구나." 하는 신뢰와 믿음이 있어야 한다. 그러한 믿음은 바로 교사의 수업 전문성에서 나오는 것이다.

특수학급은 학교 내 작은 학교와 같다. 요즘 혁신학교 뿐만 아니라 많은 학교에서 학교 자치를 강조하면서 스몰 스쿨Small School이라는 개념으로 학년별 또는 교과별로 학교 내 자치활동을 강화하고 있다. 이러한 자율성은 학교 교육과정 운영에 유연성을 준다. 특수교사는 학교 교육과정 범위 내에서 자율적으로 교육과정 및 학급을 운영하고 있으며, 이는 교사별 교육과정 운영의 기초과정이 된다. 어찌 보면 특수학급이 교육정책과 방향에 이미 한 발짝 먼저 내딛고 있다고 볼 수 있다.

특수교사는 자율성을 갖는 만큼 교육과정에 대한 책임을 갖고 끊임없이 고민하고 개선해나가려는 의지가 있어야 한다. 자율이라는 범위에서 전문성을 갖추고, 스스로를 안주의 테두리에 가두지 않도록 주의하자.

내가 만든 학습자료,
어떻게 해야 할까요?

수업에 필요한 학습자료를 만들어봤는데, 아이들이 제가 만든 학습
자료에 흥미를 갖고 공부하는 모습을 보니 매우 뿌듯했어요. 내가 만
든 자료를 다른 선생님들과 공유하고 피드백도 받고 싶은데 어떻게
해야 할까요?

수업을 하다 보면 다른 사람들의 수업자료를 활용하는 경우
가 종종 있다. 쉽게 접할 수 있는 학습지부터 애플리케이션이
나 교구 등 다양한 자료를 활용하여 수업을 한다. 이러한 수업
자료는 배움이 일어나는 데 긍정적인 효과를 준다. 아무리 좋
은 수업자료가 있어도 공유하지 않으면 나만의 자료일 뿐이다.

전문적학습공동체를 강조하는 이유도 바로 '공유'라는 원리에서 비롯된다.

우리는 수업이든 학생 생활지도이든 학교에서 행하는 모든 것을 통해 혼자가 아니라 더불어 함께 살아가야 함을 아이들에게 가르친다. 하지만 정작 교사 본인은 그렇지 못해 안타까웠던 기억이 있다.

나는 특수학교에서 근무할 때 다양한 학습자료를 만들어 사용하였다. 경제교육 보드게임, 플래시Flash 학습자료를 만들어 누구나 쉽게 교실에서 수업과 연계하여 학생들이 사용할 수 있도록 하고 웹에 올려 학교 선생님들과도 공유했다.

여기서 그치지 않고 내가 만든 자료를 학교 밖 선생님들과도 공유하고 검증받기 위해 연구대회에 나갔다. 이렇게 시작한 연구대회를 전문직이 된 지금까지도 참가하고 있다. 수업 실천 사례 연구대회처럼 실제 아이들과 실천했던 교육활동을 공유하는 기회는 교사에게 성장의 계기를 마련해준다.

좋은 것은 널리 공유하자. 연구대회나 연구회 활동 외에 블로그, 유튜브 등 소셜미디어SNS를 활용하여 자료를 공유하는 것도 매우 의미 있다. 기록은 나의 모습을 비추는 거울이 되고 나를 성장하게 하는 촉매제 역할을 한다. 이제부터 학교에서 만들어가는 나의 이야기를 어디든 기록해보자. 내가 잘하는 것을 마음껏 보여주는 것도 성장의 밑거름이 된다.

나는 활동한 내용을 블로그에 꾸준히 올리고 있다. 파워 블로거처럼 고화질의 사진과 함께 세세한 내용을 담으면 더욱 좋겠지만, 포스팅에 시간을 많이 할애할 만큼 여유가 있는 것은 아니어서 핵심적인 내용 위주로 사진과 함께 담아내고 기록하였다.

자신이 연구한 자료를 혼자 정리해 남들과 공유하는 것에 그치지 않고 같은 목표를 가진 선생님들과 함께 연구하는 것은 더 큰 도움이 된다. 최근 전문적학습공동체에 대한 관심이 높아지고 있는데, 전문적학습공동체는 교사 집단역량과 학교 역량이 함께 성장하게 해주는 역할을 하며 학교혁신에 활력을 준다. 또 학교 밖 전문적학습공동체는 개방, 협력, 공유의 네트워크 및 모든 학교의 동반성장에 기여하는 역할을 한다. 학교, 학급, 수업 등 현장 상황에서 함께 문제를 찾고 개선하려는 학교혁신을 꾀한다는 점에서 학교 성장을 위해 매우 중요한 부분이다.

전문적학습공동체를
아시나요?

> 특수학급에 근무하고 있는데 일반교사들과 함께 전문적학습공동
> 체에 참여하는 것이 쉽지 않아요. 전문적학습공동체를 꼭 해야 하
> 나요?

전문적학습공동체의 주제와 구성원에 제한은 없다. 일반 초
중고에서는 학년별, 교과별, 주제별 전문적학습공동체를 주로
실시하는데 각각의 장단점이 있다. 학년별 운영은 교과 융합을
하는 데 매우 유리하다. 학년별 교육과정 운영의 자율성을 바
탕으로 학교 내 작은 학교인 스몰 스쿨제를 실천할 수 있다.

다학년을 지도하는 특수교사의 경우, 학교 안 전문적학습공

동체가 학년별로 운영되고 있다면 학생이 많은 학년에 참여하는 것이 좋다. 학년의 교육과정을 공유하며 통합교육 지원 방법을 모색하는 기회가 되고, 그 안에서 장애이해연수도 자연스럽게 이루어질 수 있는 장점이 있다. 또한 협력 교수 방안을 함께 고민할 수 있다.

중학교 특수학급에 근무할 당시 나는 중학교 학생에 대한 생활지도를 연구하는 '회복적 생활교육' 학년별 전문적학습공동체에 참여하였다. 특수교육대상학생과 통합학급 학생과의 문제를 '회복적 서클' 활동과 열린 대화를 통해 회복하도록 지도하는 전문적학습공동체를 통해 평화로운 학급운영을 통합학급 담임과 함께 실천할 수 있었다.

특수교사는 한 학교에 1~3명(물론 학급수에 따라 5~6명도 있음) 정도이기 때문에 특수교육 관련 전문적학습공동체를 하려면 학교 간 전문적학습공동체라는 방법으로 접근해야 한다. 이 경우 보통 교육지원청 단위에서 전문적학습공동체를 운영하고 지원하는데 위에서 아래로 내려오는 탑다운 방식의 공동체는 성공하기 어렵다. 자발성을 기초로 학교 간 전문적학습공동체를 만들도록 노력해야 하고, 특수교사 스스로도 변화하고자 하는 노력과 수업 개선 및 성장을 위한 의지가 있어야 한다. 이러한 의지와 문제 인식에서 자발성이 발휘되어야 전문적학습공동체가 활성화되고 의도하는 결과를 얻을 수 있다.

교사는 수업 외에도 너무나 바쁘다. 수업 준비, 생활지도, 학부모 상담, 행정업무, 출장, 예상하지 못한 각종 돌발 상황 등 정말 너무 많은 일이 있다. 그렇기에 전문적학습공동체에 참여하는 것이 여간 힘든 일이 아니다. 그래서 전문적학습공동체 운영에 가장 큰 문제가 시간을 어떻게 확보하느냐는 것이다. 학교 안에서도 이러한데 학교 간 전문적학습공동체는 더더욱 쉽지 않다.

또 전문적학습공동체에는 리더가 필요하다. 리더의 존재 여부와 그 역량이 전문적학습공동체 활동과 방향에 많은 영향을 준다. 리더의 부재는 전문적학습공동체를 이끌어가는 데 가장 큰 리스크이기도 하다.

지금은 혼자만 잘한다고 성공하는 시대가 아니다. 내 교실에서 나만의 교육방법으로는 급변하는 세상의 모든 정보를 담아낼 수 없다. 공개된 수많은 정보를 함께 찾고 공유하면서 더불어 성장해야 한다. 그렇기에 우리는 끊임없이 들어야 하고, 배움과 나눔을 실천해야 하는 것이다.

수업 시작 종이 울리자마자 판서와 함께 수업을 시작하고, 교과서를 보지 않아도 내용을 읊고, 수업을 마무리하고 교실 문을 열고 나가자마자 마치는 종이 울리는 선생님의 수업을 보며 참 대단하다고 생각했던 기억이 있다. 그러나 지금은 교과서의 내용을 그대로 전달하는 선생님을 바라지 않는다. 이제는 내 교실을 넘어 옆 반 선생님과 함께 정보를 나누고 이야기하는 것이 필요하다. 이것을 전문적학습공동체로 풀어나갈 수 있다.

특수교사 역시 옆 반 교실 속 이야기를 듣고 학교 밖 선생님을 끊임없이 만나며 배움을 쉬지 않아야 한다. 학교 안, 학교 밖 전문적학습공동체 참여를 통하여 함께 성장을 향한 발걸음을 내디뎌야 한다.

나만의
필살기가 있나요?

아이들이 좋아하는 것을 가르치고 싶어요. 아이들과 함께 동아리활
동도 하고 싶고요. 그런데 제가 딱히 잘하는 것이 없어서 뭘 함께할
지, 어떤 동아리를 만들어야 할지 모르겠어요.

특수교사에게만 한정되는 사항은 아니지만 특수교사라면
특기 하나 정도는 갖고 있는 것이 좋다. 특수교사는 초등학교
교사처럼 다교과를 지도하기에 여러 분야에 고른 역량을 갖추
는 것이 좋다. 교사의 전문성에 더불어 아이들과 함께할 수 있
는 자신만의 특기를 갖춘다면 금상첨화이지 않을까? 게임에서
나오는 필살기처럼 자신만의 특기를 개발하는 것을 권장한다.

이는 교사가 학교에서 각종 교육활동을 실습하는 데 큰 도움이 된다.

예를 들어 음악에 재능이 있다면 특수학급 아이들과 함께 음악 동아리를 통한 통합교육을 실천할 수 있을 것이다. 대학 때 사물놀이를 했던 동기 교사는 그 경험을 살려 학교에서 사물놀이를 통한 음악 지도와 함께 인성교육을 실천했다. 댄스에 특기가 있다면 학교 축제 때 교사 댄스를 주관하고 기획할 수도 있으며, 학생들과 함께 공연에 참가할 수도 있을 것이다.

고등학교에 근무했을 때 일이다. 춤에는 특기가 없지만 아이들에게 잊지 못할 경험과 추억을 만들어주고자 수학여행 장기자랑 시간에 특수학급 아이들과 무대에 올라가 당시 유행하던 여자 아이돌 춤을 춘 적이 있었다. 그 후로 아이들과 매년 함께 무대에 올랐다. 시작이 무섭지 해보면 별거 아니다. 당시의 열기와 함성이 아직도 생생하다.

컴퓨터나 IT를 잘 다루면 특수학급 관련 활동 영상 등을 제작하여 특수학급 교육활동을 안내하고 홍보할 수 있고, 학교 영상을 제작해 학교 홍보활동에 중요한 역할을 담당할 수도 있다. 체육에 특기가 있다면 특수학급 학생의 신체활동과 체력 증진을 위해 다양한 체육활동을 계획할 수 있고, 점심시간이나 방과후교실에서 체육 관련 프로그램을 운영할 수도 있다.

그림에 소질이 있다면 수업 내용을 손 그림으로 표현하여 교과수업 및 장애이해교육을 할 때 자료로 사용할 수도 있다. 만들기에 특기가 있다면 아이들은 특수학급 선생님을 '뭐든지 멋지고 아름답게 만들어내는 요술 손'이라고 기억하게 될 것이다. 선생님의 손재주를 살려 일반학생들과 함께하는 동아리 활동을 한다면 통합교육으로 연결하는 고리가 될 수도 있다. 이 외에도 요리, 바리스타, 공예 등 수많은 교육활동 재료들이 있다. 이것들을 나만 갖고 있지 말고 아이들을 위해 또는 학교를 위해 마구 쏟아부었으면 한다.

아이들과 함께할 수 있는 특기가 별로 없다고 너무 걱정할 필요는 없다. 연수나 방학을 통해 얼마든지 배울 수 있는 기회가 많다. 나는 교육지원청에 근무하고 있지만 유치원, 초등학교 아이들 대상 장애이해교육을 위해 풍선아트와 마술을 배우고 있다. 이렇게 배운 것으로 유치원, 초등학교, 중학교에 가서 아이들과 즐거운 수업을 함께 만들었다.

특기가 없다고 너무 고민하지 말자. 아이들과 함께하고자 하는 마음만 있다면 지금 갖고 있는 달란트로도 얼마든지 아이들과 행복한 교실을 만들어갈 수 있을 것이다. 지금부터 내 특기를 교실과 학교에서 마음껏 발산해보자.

특수학급
교육과정
만들기

학교 교육과정
기초 닦기

> 특수학급에 발령받았는데 특수학급 교육과정을 만들려고 하니 무엇을 해야 할지 모르겠어요. 누군가 시원하게 알려주지도 않고요. 그냥 제가 알아서 해야 하는 막막한 상황이에요.

교육과정은 교육내용과 학습활동을 교과별로 조직화하여 체계화시킨 일련의 계획이라고 정의할 수 있다. 그런데 학교현장에서는 교육과정이 실제 수업과는 거리가 먼 경우가 많다. 교육과정 연수는 신규교사 연수, 직무연수 등에서 매번 실시하고는 있지만, 교육과정과 수업은 서로 같은 방향을 바라보지 못하고 있는 것이 현실이다. 무엇이 수업과 교육과정을 가까이

하기에 너무 먼 당신과 같은 사이로 만들었을까?

우리나라의 교육과정은 국가수준교육과정을 기본으로 하여 국민에게 바라는 교육적 방향이 담겨 있다. 하지만 국가수준교육과정만으로는 현 시대가 요구하는 인재상을 양성하는 데 한계가 있다. 글로벌 시대에 우리는 다양성 교육을 인정해야 하고 다양성을 기초로 창의적인 사고와 문제해결력을 갖춘 세계인을 육성할 필요가 있다.

국가수준교육과정에서 우리나라 교사의 역할은 수동적인 '대리인'이었다. 교과과정은 자율성, 자유, 판단력이 매우 제한되고 매뉴얼화되어 있으며, 현장의 다양한 사례(장애특성, 개인차, 지역차, 시대 변화)를 반영하지 못하였다.

반면 핀란드에서 교사는 교육과정을 만드는 창조자이자 주체이다. 우리가 교육학이나 교육정책과 관련한 책에서만 볼 수 있던 교사별 교육과정을 직접 실천하고 있는 것이다. 핀란드 교사들은 높은 수준의 교육을 받아야 하기 때문에 교단에 서는 과정 자체가 쉽지 않다고 한다. 그만큼 교사의 역량이 높고 사회적으로도 존중받는다.

교사별 교육과정의 포인트는 교사의 자율성을 인정하는 것이며, 이는 핀란드 교육의 핵심 원칙이기도 하다. 이러한 자율성을 바탕으로 교사의 책임과 신뢰가 형성되는 것이다. 교사는 교육과정의 큰 틀 안에서 자신만의 교육방법과 다양한 수업 사례를 만들고 이를 통한 성찰과 공유를 기초로 스스로 발전할 수 있다(이에 발맞춰 경기도의 경우는 경기교육발전계획 및 교육과정 정책을 통해 교사별 교육과정의 다양성과 자율성을 확보하는 노력을 기울이고 있다).

핀란드처럼 자율성에 기초한 교사별 교육과정 단계가 되려면 입시제도의 전면적 개편을 시작으로 교사에 대한 국가적, 사회적 신뢰가 쌓여야 한다.

현실에는 교육과정 재구성이고 뭐고 다 필요 없고 그냥 교과서 대로만 수업을 하겠다는 사람도 있다. 물론 교과서 또한 많은 고민과 노력으로 만든 양질의 교재이기 때문에 그것이 잘못된 것은 아니다. 교과서의 내용이 우리 아이들과 지역사회 그리고 현실에 잘 맞는다면 괜찮지만, 그렇지 않다면 우리는 재구성이라는 방법으로 가르침의 전환이 필요하다.

성취기준을 가지고 특수학급 교육과정을 만들어보면 어떨까? 아니면 학기 중 교과별 성취기준을 중심으로 교과 교육과정을 짜보는 것은 어떨까? 새 학년 시작 전에 이렇게 하려면 방학을 반납해야 할지도 모른다. 교사의 방학은 한 학기 동안 소진되었던 기운을 재충전하는 시간이기도 하지만 다음 학기를 위한 성장의 시간이기도 하지 않은가. 조금은 번거롭고 힘든 과정일지 모르지만 이 과정이 성장의 밑거름이 될 것이다.

나는 대부분 주제 중심으로 교육과정을 재구성하였고, 교과서와 교사용 지도서는 참고만 했다. 물론 교과서로만 지도해본 적도 있는데, 교과서는 개별적 특성이 강한 특수학교(급) 아이들 하나하나를 모두 담아낼 수 없었다. 그래서 교육과정 재구성이 꼭 필요했다.

사실 특수교육은 교육과정과 가르침이 유연하고 자유롭지만 그 때문에 교사의 역량에 따른 편차는 더욱 커진다. 이런 문제를 자각하여 개선하고 변화하려는 마음을 갖고 있는 이들이 함께 모이면 공동 성장을 통해 변화를 이끌어낼 수 있다. 이것이 전문적학습공동체가 필요한 이유다.

사람들과 끊임없이 만나 이야기하고 또 이야기해야 한다. 그 과정 속에서 나뿐만 아니라 모두의 성장이 이루어지기 때문이다. 탈무드에는 '두 사람이 모이면 세 사람분의 의견이 모아진다.'라는 말이 있다. 특수학급에 혼자 있는 특수교사가 함께 모여야 하는 이유가 여기에 있다.

> **특수학급에서 신규교사 및 저경력교사의 고민 탈출 전략!**
>
> 멘토 교사를 찾아라! : 멘토가 되는 교사와 매칭을 통해 특수학급 운영에 필요한 사소한 내용부터 교육과정 운영에 대한 심리적 지원까지 받는 것이 중요하다. 교육지원청 단위에서 이루어져야 하며 혹시 그렇지 않다면 직접 요청하는 것도 좋다.

[내 마음대로 교사(별) 교육과정 만들기]

		3월				4월			
주제		친구				우리 마을			
국어	성취 기준	* *				* *			
	단원	*				*			
	제재	1주	2주	3주	4주	1주	2주	3주	4주
		- - -	- - -	- - -	- - -	- - -	- - -	- - -	- - -
	평가								
수학	성취 기준	* *				* *			
	단원	*				*			
	제재	1주	2주	3주	4주	1주	2주	3주	4주
		- - -	- - -	- - -	- - -	- - -	- - -	- - -	- - -
	평가								
사회	성취 기준	* *				* *			
	단원	*				*			
	제재	1주	2주	3주	4주	1주	2주	3주	4주
		- - -	- - -	- - -	- - -	- - -	- - -	- - -	- - -
	평가								
현장체험 학습	-		통합교과 / 프로젝트수업	-	-관련 교과: -				
역량	-				-				

교사별 교육과정 짜기 월간 진도표(예)

수업의 기본,
교육과정 재구성

특수학급 학생은 해당 학년 교육과정을 따릅니다. 그런데 이를 우리 아이들에게 바로 적용하기 어려워 학생들 수준에 맞게 난이도를 조절해 가르치고 있어요. 이것도 교육과정 재구성에 해당되는 것인가요?

교육목표를 어떻게 만들어 가르칠지 그 내용과 교육방법까지 친절하게 안내해주는 교사 수업 매뉴얼이 있다면 어떨까? 교사의 역할이 매뉴얼대로만 하는 내용 전달자라면 교사가 굳이 필요할까? 실제 우리나라 교육과정은 가르칠 내용을 주고 교사용 지도서라는 명목으로 이렇게 이렇게 가르치라고 친절히 안내하고 있다. 물론 참고사항이며 절대적으로 따라야 하는 것은 아니다. 나름 자율성을 주고 있지만 그렇다고 정해진 범위에서 크게 벗어나는 것은 허용되지 않는다.

전문성과 역량을 갖춘 교사를 양성하는 데 아직은 제도적인 한계가 있고, 국가는 교육의 큰 그림과 방향의 범위 안에서 가르침에 대한 전달자의 역할을 교사에게 요구하고 있다. 하지만 교과서와 교육과정은 일종의 방향성으로 해석해야 한다. 방향을 안내할 뿐 뼈대 위에 살은 교사가 붙이고 만들어나가야 하는 것이다. 이 과정이 바로 교육과정 재구성이다.

| 특수교육에서 교육과정 재구성이 필요한 이유 |

① 국가수준교육과정의 중앙집권성과 획일성을 탈피하기 위해

② 특수교육대상학생의 개별적 특성에 적합한 내용을 확보하기 위해

③ 교사별 교육과정을 통해 특수교육대상학생의 특성과 지역의 특색을 반영하기 위해

④ 단편적 지식을 넘어 지식을 활용하고 적용할 수 있는 사회적 응력 향상을 위해

⑤ 학습 내용을 재구조화하고 학습량을 적정화하여 학습자가 학습에 주도적으로 참여하기 위해

그나마 희망적인 것은 혁신교육이라는 패러다임 안에서 교사의 자율성을 기초로 교육과정의 다양성이 장려되고 있다는 것이다. 우리는 왜 주어진 교육과정에서 벗어나 재구성을 통해 교육을 실현해야 하는 것인가?

특수교육 관점에서 볼 때 특수교육대상학생의 다양성을 그 이유로 들 수 있다. 특수교사는 기본교육과정을 지도하면서 학생마다 다른 장애특성 때문에 다룰 수 있는 내용의 깊이와 난이도도 차이가 크다는 것을 경험한다. 이러한 장애 정도와 특성의 다양성을 존중하기 위해 교육과정의 재구성이 필요한 것이다. 또 수년 동안의 연구와 집필을 거쳐 나온 교과서는 빠르게 변화하는 사회를 모두 담아내지 못한다. 교육과정의 재구성을 통해 학생과 학부모의 시대적 요구를 반영해야 한다.

교사는 교육과정의 전달자가 아닌 창조자로서의 전문성을 가져야 한다. 학교에서도 창의성을 강조하며 창의력 교육을 하라고 한다. 그러나 창의성은 학생에게만 필요한 것이 아니라 교사에게도 요구된다. 교육과정 재구성과 다양한 수업활동을 계획하고 실시하려면 교사의 창의성이 반드시 필요하다.

그렇다면 교사의 창의성은 어떻게 길러야 할까? 해답은 의외로 간단하다. 자꾸 들여다보는 것이다. 무엇을 들여다보는가? 다른 사람의 수업을 참관하고 연구회나 전문적학습공동체를 통해 끊임없이 수업을 성찰하고 나눠야 한다.

　미래교육의 핵심은 협력과 융합이다. 교과 교육과정에 변화를 꾀하고 교육과정 재구성을 실천하려면 융합이 필요하다. 융합하려면 협력해야 한다. 융합교육(=통합교육과정)에 접근하려면 생각이 유연해야 한다. 이미 특수교사는 다교과를 지도하고 있기에 융합교육에 대한 어려움이 크지는 않다. 아니, 이미 융합교육을 자연스럽게 실천하고 있다. 교과 간 융합을 통한 시너지는 학생의 잠재능력을 향상시키는 데 많은 도움이 된다.

　경험한 것을 글로 표현하는 국어 수업에서 미술 교과를 연계해 그림으로 그려보게 하는 것도 융합교육의 방법이다. 국어 교사와 미술 교사의 협력 과정에서 융합교육이 이루어진다. 내가 혁신부장으로 근무할 때, 일본어 선생님이 가면극을 하고 싶다고 이야기하는 것을 듣고 미술 선생님과 협력하는 융합교육을 제안했다. 미술 시간에 만든 가면으로 일본어 시간에 가면극을 하며 일본어를 배우는 것이다.

　'교육과정 재구성 어떻게 하나요?', '융합교육은요?', '수업을 잘하는 교사는 어떻게 될 수 있을까요?' 이런 질문에 대해 공통적으로 "고민하지 말고 저질러보라"라고 말하고 싶다. 자기만의 방식으로 말이다. 그런데 어떤 선생님은 무엇을 하려고 할 때마다 샘플 양식이 없냐고 묻는다. 물론 기존의 샘플 양식을 조금씩 수정하여 사용하는 것이 가장 쉽기는 하다. 하지만 내가 직접 만들어보고 수정하는 과정 속에서 얻는 창조와 성장의 기쁨이 더 큼을 알아야 할 것이다.

교육과정과 수업에 정답은 없다. 끊임없이 시도하는 과정 속에서 학생들은 배움이 일어나고 교사는 성장하게 된다.

만약 여러분이 관심을 갖지 않으면 세상은 달라지지 않아요. 아무것도.

– 닥터 수스

역량중심교육과정, 역량이 뭐지?

역량중심교육과정이라고 하는데 수업에서 역량이 어떠한 의미를 갖는지 모르겠어요. 그냥 교육에 담긴 철학 같은 것인가요? 꼭 역량을 수업과 교육과정에 담아내야 하는 것인가요?

2015 개정교육과정의 특징은 역량중심교육과정이다. 특수교육대상학생이 배우고 교사가 가르치는 모든 교과에는 역량을 기준으로 학생의 성취기준을 제시하고 있다. 따라서 역량이란 무엇인지, 어떻게 접근해야 하는지에 대한 고민이 수업 준비과정에서 이루어져야 한다. 이를 고민하는 과정에서 역량에 대한 이해가 시작된다고 할 수 있다.

| 2015 개정교육과정 역량 |

① 자기관리 역량   ② 지식 정보처리 역량

③ 창의적 사고 역량   ④ 심미적 감성 역량

⑤ 의사소통 역량   ⑥ 공동체 역량

수업을 계획하면서 이번 수업을 통해 학생들의 어떤 역량을 신장시킬 것인지 고민해야 한다. 수업 지도안에도 기대 역량을 적어놓는 것이 좋다. 모둠활동으로 의사소통 역량을 기르고, 국어 교과와 미술 교과의 융합교육으로 문화적 소양을 키우고, 스스로 문제를 해결하는 자주적 행동을 강화한다는 기대를 갖고 수업을 준비해야 하지 않을까? 기대 역량을 생각하고 지도하는 수업과 그렇지 않은 수업은 그 목표를 향한 추진력에서 차이가 크다.

역량중심교육과정은 말로만 외친다고 되는 것이 아니라 우리가 수업에서 찾아야 한다. 교과 역량 교육과정 워크숍, 학년별 주제통합수업, 역량중심수업 사례 발표 등에서 실천 방안에 대한 도움을 얻을 수 있다. 이 중심에는 전문적학습공동체를 통한 소그룹 모임이 반드시 이루어져야 한다.

특수학급에서 배운 지식을 미래 삶에 유용할 수 있도록 만드는 것이 교과 역량이다. 역량은 단편적이거나 독립된 것이 아니며 즉각적이지도 않다. 학생이 배움의 주체가 되고 교사가 가

[내 마음대로 프로젝트 수업 만들기]

프로젝트 주제	학교 앞 안전 등굣길 만들기 프로젝트

차시	하위 주제	주교과 통합교과	성취기준	활동내용	평가 방법	추구하는 핵심 역량
1 차시	학교 등굣길 위험요소	국어	[9국어01-04] 사건이나 사실을 일어난 순서에 맞게 전달한다.	- 듣는 사람이 알기 쉽게 말한다. - 안내할 내용을 조사해서 말한다. - 원인과 결과의 관계가 드러나도록 말한다.	-자기평가 -또래평가 -관찰평가	창의적 사고
		사회	[6사회01-03] 일상생활에서 선택의 필요성과 선택에 따른 결과를 알고 결정하는 생활 태도를 가진다.			
2 차시	등굣길 위험요소 현장 파악	국어	[9국어01-06] 대화할 때의 규칙을 지키며 상대방과 의견을 주고받는다.	- 설명을 하거나 정보를 전달하는 글의 특성을 이해한다. - 알맞은 낱말을 사용하여 전달하려는 내용을 쓴다.	-또래평가 -관찰평가	민주시민
		사회	[9사회03-01] 우리나라의 영역과 자연·인문 환경적 특징에 대한 정보를 수집하고 발표한다.			
3 차시	안전 등굣길 위험 그림지도 만들기	사회	[9사회03-01] 우리나라의 영역과 자연·인문 환경적 특징에 대한 정보를 수집하고 발표한다.	- 사물을 관찰하고 특징을 살려 다양한 방법으로 표현한다.	-또래평가 -관찰평가	문화적 소양
		미술	[9미술01-04] 자신의 생각이나 느낌을 간단한 이미지로 소통한다.			
4 차시	안전 등굣길 위험요소 학교 설문 및 캠페인	수학	[9수학05-01] 사진, 그림 등을 이용하여 그래프로 나타낸다.	- 막대그래프 그리는 방법을 익히고 막대그래프로 나타낸다. - 막대그래프에서 자료의 특성을 찾아보고 해석한다.	-또래평가 -관찰평가	의사소통 비판적 사고
		국어	[9국어02-04] 짧은 글을 읽고 주요 대상과 내용을 파악 한다.			
5 차시	안전 인형극 만들기	국어	[9국어03-04] 매체를 활용하여 자신의 생각이나 느낌을 표현한다.	- 무엇에 대하여 쓸 것인지 정한다. - 자신의 주된 생각을 하나의 중심 문장으로 쓴다.	-자기평가 -또래평가 -관찰평가	협력적 문제해결
		사회	[9사회02-04] 사회적 상황에서 사람들의 생각, 감정, 행동 변화의 모습을 관찰하고 의미를 설명한다.			
6 차시	문제해결 방법 분석하여 지역 사회 참여하기 (앱, 시청/주민센터 협조 요청)	국어	[9국어01-02] 상대방의 이야기를 듣고 주요 내용을 파악한다.	- 경험한 사건이나 사실을 말한다. - 설명할 대상의 특성을 말한다. - 사건의 내용을 설명한다.	-자기평가 -또래평가 -관찰평가	협력적 문제해결
		사회	[9사회01-02] 다양한 상황에서 합리적인 선택 방법을 알고 스스로 결정한다.			

프로젝트 수업 차시별 내용 구성

2. 특수학급 교육과정 만들기

르침으로 협력하는 과정 속에서 서서히 드러나는 것이다. 보이지 않는 것을 가시화하는 것이 교육의 힘이라 믿는다. 이 믿음의 기다림을 통해 장애학생의 역량을 신장시키고 사회의 구성원으로 성장하여 스스로의 삶을 이루어내도록 특수교사를 포함한 교육공동체가 함께 고민하고 노력해야 할 것이다.

특수학급
교육과정의 실제

특수학급 교육과정을 만들어야 하는데 도대체 어디에서부터 시작해야 할지 모르겠어요. 지금 내가 하는 방법이 맞는지 이야기하고 배우고 싶은데 시원하게 알려주는 사람도 없고요. 특수학급 교육과정 설계는 어떻게 해야 하나요?

학교 내 특수학급 운영과 교육활동 및 행정업무 등을 하다 보면 교육과정을 살펴보고 이를 반영한 수업활동을 계획하는 것은 여간 어려운 것이 아니다. 그래도 책꽂이와 서랍 속에 있는 교육과정을 자꾸 들추어 보고 어떠한 내용과 목적이 있는지, 단원별로 요구하는 성취기준이 무엇인지 끊임없이 살펴봐야 한다. 이러한 일련의 과정을 '교육과정 문해력Curriculum Liter-acy'이라고 한다. 교육과정 문해력이란 교육과정에 대한 관심을 갖고 이를 조망하며 자신의 교육과정을 살피는 능력을 말한다.

우선 특수교육 교육과정에 쌓여 있는 먼지를 털어내고 책장을 넘기며 살펴보는 것부터가 시작이다. 국가수준과 해당 시도별 교육과정 편성·운영 지침 및 관련 자료 등 주어진 자료부터 들여다보자.

| 특수학급 교육과정 작성을 위한 참고 자료 |
- 2015 개정 특수교육 교육과정 고시 자료
- 시도별 특수교육 교육과정 편성·운영 지침
- 시도별 특수교육 기본계획
- 시군별 특수교육 기본계획
- 학교 교육과정 : 비전, 교육목표, 학사일정, 교과별 교육과정
- 통합학급 학급 교육과정 : 교육목표, 학기별 시간표, 시수표 등

특수학급 교육과정 작성은 위의 자료를 토대로 해야 한다. 첫 번째로 국가수준과 시도별 교육과정 지침과 기본계획, 방향성을 살펴봐야 한다. 그리고 교과별 교육과정 성취기준 및 내용 요소를 파악하여 내가 가르치는 교과에 해당하는 부분을 찾아 살펴본 후 내가 실행할 교육과정을 작성한다. 그런 다음

교육과정과 개별화교육지원팀에서 정한 학생별 목표를 토대로 평가계획을 수립한다.

특수학급 교육과정을 편성할 때 수업일수 및 교과시수 등을 함께 표시하고 특수학급에서 실시하는 교육활동 사항에 대해 목적, 실시계획 및 내용 등을 꼼꼼히 작성해두는 것이 필요하다. 장애이해교육, 성교육 및 학교폭력 예방교육과 같은 필수 일정은 한눈에 알아보기 쉽게 미리 작성해둔다.

특수학급 교육과정 편성은 쉽게 말해 특수학급에서 1년 동안 가르치기 위한 계획이다. 이 계획은 개별화교육지원팀의 결과를 토대로 한 해 농사를 짓기 위한 시작이라고 보면 된다. 교사의 주체적 가르침에 일련의 계획을 담는 것이 교과 교육과정이다. 교과 교육과정을 작성하기 위해서는 교과 분석을 해야 한다. 국어, 수학, 진로와 직업 등 교과의 단원 및 제재 분석을 해야 하고, 이것들에 대한 공통사항 등을 추출하여 내용을 대체하거나 재구성해야 한다.

굳이 이렇게까지 해야 하느냐는 질문이 있을 수 있다. 그러나 특수교사에게 어쩌면 더 중요한 일일 수 있다. 특수학급이 수십 년 동안 일반학교에서 통합교육이라는 목적으로 함께 존재했지만, 아직도 일반교사들은 특수학급에서 어떠한 교육과 지도가 이루어지는지 모르거나 관심이 없는 경우가 많다. 간혹 학생 수가 적다는 이유로 수업시수를 인정받지 못하고, 성과급

등에서 불이익을 받는 경우도 있다. 이때 특수학급 교육과정을 제시해야 한다. 이것이 특수학급의 수업과 학급운영에 근거가 되는 것이다.

"특수학급에서 다교과 지도 근거*는 무엇입니까?"라고 물을 때 명확한 특수학급 교육과정을 제시할 수 있어야 한다. 아무리 열심히 교육활동을 했다 해도 명확한 근거가 있지 않으면 이를 증명할 방법이 없다. 그러므로 내부 결재나 다른 방법을 통해 계속 기록해놓는 습관을 들이자.

* 중·고등학교에서 여러 교과 또는 다학년을 지도하면 성과급이 가산된다.

특수학급
학사일정 세우기

> 학급 교육과정에 있는 현장체험학습, 방과후학교, 직업교육, 학교폭력 예방교육 및 성교육 등 특수학급 일정을 놓쳐서 낭패를 볼 때가 있어요. 일정을 쉽게 파악할 수 있는 방법에는 어떤 것이 있을까요?

일반적으로 교육과정은 국민공통기본교육과정과 특수교육대상학생을 위한 기본교육과정으로 나뉜다. 일반학교는 국민공통기본교육과정에 의해 학교 교육과정을 운영한다. 그리고 발달장애, 지적장애학생이 공부하는 특수학교 교육과정이 있다.

그렇다면 일반학교의 특수학급은 어떠한 교육과정에 준해

야 할까? 일반학교의 특수학급은 해당 학년의 교육과정을 따르며 학적, 성적 등 모든 것이 그에 준하여 학생의 교과 이수처리가 된다. 통합학급 수학 시간에 학생이 특수학급에 오는 경우, 초등학교는 그대로 수학 수업을 하는 것이 수월하지만 중·고등 특수학급은 직업교육, 현장실습 등으로 내용을 대체하거나 관련 교과의 내용이 포함된 다른 형태의 수업을 할 수도 있다. 단, 특수학급 교육과정에 명시된 교육활동이어야 함을 잊지 말아야 한다.

일반교과의 경우 매년 학년 말 교과별 평가계획을 작성하여 결재를 맡는다. 그런데 특수교사는 내지 않는다. 교과 전공 중심의 교과별 교육과정 안에는 교육목표, 성취기준, 교과 진도표, 평가를 위한 이원목적 분류표 등 1년 동안 가르칠 내용이 있다. 하지만 특수학급의 경우 교육내용에 대해 그림은 그리지만, 교과 지도에 대한 구체적인 그림이 부족한 것이 현실이다.

이렇게 되니 교사는 늘 수업에 대한 고민이 생긴다. 교과별 교육과정 계획을 한 번 작성해놓으면 다음 해에도 어렵지 않게 작성할 수 있을 텐데 이 한 번이 어렵다. '기본교육과정 교과서가 있으니 난 이대로 할 거야'라고 교과별 교육과정이 굳이 없어도 되지 않을까 생각하는 선생님도 있을 것이다. 하지만 내용 대체를 하는 상황이나 교육과정 재구성이 필요한 상황이 있다. 잘 준비된 교사이자 전문성을 갖고 있는 교육 실천가라면 능숙하게 대응할 수 있어야 한다.

학년 초 특수학급 교육과정을 만들고 나면 바로 특수학급 학사일정을 만든다. 이미 당해 학교 학사일정은 학교운영위원회를 통과해 결재되어 있기에 학교 학사일정을 기본으로 하여 주요 학교 일정에 특수학급만의 교육활동을 작성해놓는 것이다.

성교육, 학교폭력 예방교육, 장애이해교육, 인권교육, 흡연·음주 약물 오남용 예방교육 등의 일정은 미리 세워둔다. 학부모 대상 연수는 학년 초 3월에 실시하는 학부모 설명회 때 실시하는 것이 좋다. 특수학급과 관련한 사항으로 학부모를 따로 소집하기에는 무리가 있으므로 이때 간단한 학부모 대상 장애이해교육 및 장애학생 대상 학교폭력 예방교육을 실시하면 좋다. 유인물을 미리 만들고, 내부 결재를 받아둔다. 이는 예상하지 못했던 상황 발생 시 좋은 근거 자료가 된다.

학부모 간담회에서 학사일정을 전 구성원과 공유할 수 있다. 방과후학교(요일별 프로그램 기록), 성교육, 월별 현장체험학습, 직업교육(고등), 현장실습(고등), 동아리활동(통합교육 동아리) 등 특수학급 행사 일정을 한눈에 파악할 수 있게 달력 형태로 만든다. 학부모는 특수학급 학사일정 달력으로 한 해 동안 학교에서 아이들이 어떤 활동을 할 예정인지 한눈에 볼 수 있고, 일정에 따라 미리 준비할 수 있다. 학교 교장·교감에게도 특수교사가 체계적으로 학급운영을 하고 있다는 것을 보여주어 신뢰를 갖게 하는 역할을 한다.

학사일정 달력은 교실에도 걸어놓는다. 그러면 교실에서 아이들도 학사일정 달력을 보고 오늘은 무엇을 하고 내일 방과후는 무엇이 있는지 알게 되니 필요한 사항을 미리 챙길 수 있다. 기대가 되는 활동은 아이들이 미리 짚어주어 깜빡 잊고 있었던 것을 챙기게 되기도 한다. 아이들 덕에 현장체험학습 장소 예약 전화하기, 외부강사에게 일정 안내하기 등을 놓치지 않고 할 수 있었다.

이처럼 특수학급 학사일정은 학생, 학부모를 위함도 있지만, 오히려 교사에게 제일 도움이 된다. 학년 초 바쁘고 정신이 없겠지만 꼭 만들어보기를 권한다. 바쁜 학교 일과로 잠시 잊었던 일정을 아이들이 교실 환경판 한쪽에 걸린 학사일정을 보고 챙겨주는 감동적인 경험도 하게 된다. 특수학급 학사일정 계획표 작성업무의 최고 수혜자는 바로 교사이다.

특수학급
시간표 만들기

특수학급 시간표를 짜려고 하는데 아이들 하나하나 통합반 시간표를 기준으로 짜다 보니 수업시수가 엄청 많아져요. 학년, 반, 고과 등에 맞게 시간표를 짜려고 하니 머리가 복잡하네요.

특수학급은 선배나 동료의 멘토링 없이 운영되는 경우가 많다. 한마디로 맨땅에 헤딩이다. 누구의 코칭이나 지도, 공유 없이 알음알음 이렇게 저렇게 해보며 만들어가게 된다. 누구도 명확히 알려주지 않기에 그냥 관행처럼 운영되는 경우가 참 많다. 그중 하나가 학급 시간표이다.

특수학급에서 이루어지는 수업은 개별화지원팀에서 정하

게 된다. 대부분이 국어, 수학이고, 중고등학교는 영어 등의 과목까지 포함된다. 학생이 한 해 이수해야 할 교과별 시수를 고려할 때, 통합학급 수학 시간에 특수학급으로 이동하여 수업을 하면 특수학급에서도 수학을 해야 한다. 하지만 수학이 아닌 다른 교과의 내용을 가르치는 경우가 있다. 특수학급 학생들의 특성상 진로와 직업의 내용을 수업하는 경우가 있기 때문이다.

사실 중고등학교에서는 교과수업에 버금가게 중요한 것이 진로·직업교육이다. 표면적으로는 교과에 맞는 수업을 하는 것이 정상이지만 내용 대체라는 방법으로 교과의 재구성이 필요하다. 교과 분석을 통한 내용 대체 요소를 찾아서 그것을 기준으로 직업교육을 실시해야 한다.

고등학교 특수학급 시간에 직업교육을 편성하여 수업하고자 한다면 국어, 수학, 영어 등에 있는 요소를 찾아서 대체를 해야 한다. 예를 들어 국어 교과에서 쓰기 단원이 있다면 직업교과 내용에서 이력서 쓰기 등으로 대체한다. 이를 내용 대체라고 한다. 이렇게 하기 위해서는 교과서 분석이 필요하고, 이에 맞추어 아이들 시간표를 짜야 한다.

학년이 다른 여러 명의 학생을 대상으로 교과별, 학년별 시간을 고려하여 수업을 짜다 보면 월요일부터 금요일까지 쉴 틈 없는 시간표가 나온다. 학생 수가 많을수록 시수도 늘어나니 공강 시간이라고는 찾기 힘든 시간표가 만들어진다.

수업시수는 교사의 성과급을 좌우하는 가장 큰 기준 중 하나이다. 성과급이 교사의 교육력을 좌우한다고 볼 수는 없지만, 어쨌든 이 제도 아래에서 특수교사가 손해를 보는 경우가 많은 것이 사실이다. 시수가 많아 성과급에서 높은 점수로 인정되는 경우도 있지만, 학교 상황에 따라서는 보건 교사와 더불어 평균 시수로 보거나 아예 인정되지 않는 경우도 있다. 이럴 때 명확한 근거가 되는 것이 '특수교육 교육과정'이다.

특수학급도 교과 교육과정이 있음을 알려 시수 및 다교과 인정(중·고)에서 불이익을 받지 않아야 한다. 나는 미리 작성한 교과 교육과정을 통해 다학년/다교과 지도 항목을 인정받았다. 내부 결재가 된 교과 교육과정이 있었기 때문이다. 모든 것을 문서로 작성하여 내부 결재를 맡아놓으라는 것은 이런 이유도 있다.

대학에서든 연수를 통해서든 특수학급 운영 노하우, 교과 교육과정의 이해, 교과별 교수학습지도법 실습·심화 과정, 교수학습자료 개발의 실제 등 학교현장에 필요한 내용을 구체적으로 다루는 특수교사 역량 강화 수업이 꼭 필요하다. 이런 지식에 대한 이해를 기초로 자율성이 주어졌을 때 양질의 교육활동을 교사가 제공할 수 있다.

교육과정-수업-평가(기록)
일체화 누리기

수업에 대해 가장 많이 듣는 이야기가 바로 교육과정-수업-평가(기록) 일체화였어요. 그 중요성은 충분히 이해가 되는데 특수학급에서는 어떻게 해야 할까요?

'교육과정-수업-평가(기록)의 일체화'라는 말은 정말 귀가 닳도록 듣고 있다. 이 과정이 얼마나 일관성 없이 진행되었으면 수없이 이야기가 계속되는 것일까? 교육과정-수업-평가(기록)의 일체화라는 말은 교육의 본질로 돌아가자는 말과 같다. 원래 그렇게 해야 할 것인데 못하고 있다는 자각의 목소리일지도 모른다.

교육과정-수업-평가 일체화를 한 줄로 정리하자면 교사가 재구성한 교육과정을 기반으로 배움중심의 철학과 가치를 반영한 학생중심의 수업을 하고, 과정중심의 평가를 통해 학생의 전인적 성장을 돕는 일련의 과정이라고 말할 수 있다.

① **교육과정**은 교육과정 재인식을 통하여 특수교육대상학생의 요구 분석을 실시하고, 교과 통합 및 단원 재구성 등의 과정을 말한다.

② 여기서 **수업**은 배움중심수업을 이야기하는 것이며 배움의 주체는 학생이다. 배움중심수업 설계, 전개, 나눔을 실시하는 일련의 과정이다.

③ 마지막으로 **평가(기록)**는 교사별 상시평가, 지필 수행평가(정의적 능력평가, 과정중심평가) 결과를 가정통지 및 개별화교육계획IEP, 학교생활기록부 등을 통하여 피드백하는 것을 이야기한다.

④ 이러한 과정은 일관성이 있어야 하며 이것이 바로 교육과정-수업-평가(기록) 일체화이다.

일반교육에서는 교육과정 재구성, 배움중심수업, 성장중심 평가라는 큰 흐름으로 교육과정의 실천 방향을 제시하고 있다. 교육에서는 무엇을 우선하느냐에 따라 교육목표와 방법이 달라진다. 일반학교는 '학력'을 우선시하여 지필평가라는 요소가 지대한 영향을 주기에 지식 중심의 전달 수업이 있어야 하고 이를 시험이라는 것으로 평가하여 점수화하는 일련의 과정이 필요하다.

하지만 이러한 교과서 중심, 지식 전달 중심 방식은 교육내용과 방법을 저해하는 요소가 되기도 한다. 학생중심수업을 위해 지필평가에서 상시평가, 수행평가 중심의 과정평가로 바꾸려면 교과서를 넘어 지역과 시대를 반영하는 교육활동이 이루어져야 한다.

교육 과정	▷ 교육과정 재인식 　- 교육과정 문해력, 국가수준 및 시도별 교육과정/특수교육 편성지침
	▷ 학생 요구 분석 　- 학생의 삶과 요구 반영
	▷ 단원 및 교과 통합 설계 　- 교과 학생 배움의 의미 고찰 　- 교과 성취기준, 역량 중심 단원 내용 재구성 　- 성장중심평가 계획 수립
수업	▷ 배움중심수업 설계
	▷ 배움중심수업 전개
	▷ 배움중심수업 나눔
평가	▷ 성장중심평가

교육과정-수업-평가 일체화

특수교육에서는 이와 같은 교육의 흐름과 교육과정을 이미 실천하고 있다. 개별적 특성을 고려한 개별화수업이 특수교육 태동기부터 이루어지고 있으며, 학생의 삶과 성장에 초점을 둔 교육활동을 하고 있고, 지필평가가 아닌 학생의 성장 중심의 서술식 평가가 이루어지고 있다.

어찌 보면 일반교육에 비해 선진적인 교육이 특수교육에서 이루어지고 있는 것이다. 특수교사는 이러한 맥락과 방향 속에서 수업과 평가를 하고 있었지만 더욱 내실을 다질 필요가 있다. 특수학급 교사의 전문성을 제대로 인정받기 위해 수업과 교육방법 그리고 평가까지의 일련의 과정에 대해 더 고민하고 실천해야 한다.

| **교육과정-수업-평가(기록) 일체화의 필요성** |
 - 특수교육대상학생 중심 맞춤형 교육이 가능
 - 과정중심평가로의 전환이 가능
 - 교사의 학생평가 역량이 신장됨
 - 배움중심수업이 용이해짐
 - 교과 내용과 학습 경험 통합이 용이해짐

그런데 배움중심수업이 대체 무엇일까? 배움중심수업은 삶에 필요한 역량을 키우기 위한 자발적 배움이 일어나는 수업을 말한다고 한다. 특수교육대상학생을 위한 교육에서 삶과 연계된 교육은 떼려야 뗄 수 없는 불가분의 존재이다. 배움중심수업은 역량 신장을 통한 행복을 지향한다. 학생뿐 아니라 교사 역시 성찰과 수업 나눔으로 성장하게 해준다.

다음으로 평가에 대해 생각해보자. 특수교사는 개별화교육계획IEP을 수립하고 그 목표에 적합한 평가를 실시해야 한다. 과정평가, 성장중심평가를 지향하는데, 정확한 목표에 대한 인식이 부족한 상태에서 하는 평가는 일관성 없는 평가 결과를 가져오고, 이는 교사의 신뢰 문제로 이어진다. 그렇기 때문에 일체화가 강조되는 것이다.

| 성장중심평가 |

① 학생의 배움을 촉진하여 특수교육대상학생에게 필요한 핵심 역량을 키워나갈 수 있도록 함

② 교사가 재구성한 교육과정 속에서 협력적 배움으로 성취기준에 도달하도록 돕는 평가를 함

③ 결과와 더불어 과정이 중시되고, 단순 지식보다는 특수교육대상학생의 삶을 중심으로 한 학습 성취 관찰을 통한 정성적 평가를 실시하여 단순 나열식 평가만이 아닌 특수교육대상학생을 위한 균형적 평가를 실시함

④ 학부모가 내 자녀의 학습 정도를 파악하고 이해할 수 있으며 개별화교육계획IEP 평가 결과를 학부모와 공유함으로써 학교

에 대한 신뢰감을 향상시켜 학교교육에 참여하는 기회를 마
련함

    평가에 대한 관점의 변화가 수업과 교육방법 그리고 평가
방식까지 변화를 준다. 그러므로 교사별 상시평가와 함께 학생
의 성장을 돕는 다양한 평가 방법에 대한 연구가 필요하다. 최
근 학생중심자기평가에 대한 중요성이 대두되고 있다. 특수학
급 학생들에게도 자기 스스로를 평가해보는 자기평가 방법의
도입이 필요하다.

통합교육을
고민하다

왜
통합교육인가?

통합교육을 하려니 쉽지가 않아요. 일반학급 고사의 공감을 이끌어내기도 어렵고 특수고사 외에는 아무도 관심을 갖지 않는 것 같아요. 그래서 오히려 기운이 빠져요. 통합교육을 모두가 함께할 수 있도록 하는 방법에는 무엇이 있을까요?

통합교육이란 특수교육대상자가 일반학교에서 장애유형, 장애 정도에 따라 차별을 받지 아니하고 또래와 함께 개개인의 교육적 요구에 적합한 교육을 받는 것을 말한다. 학교라는 공간의 단순한 물리적 통합을 넘어서 개인의 내적 통합부터 사회라는 넓은 범위까지 아우르는 통합교육의 필요성을 끊임없이

이야기하고 있지만 대체로 통합교육은 늘 특수교사의 몫으로
만 남아 있다.

학교에서 물리적 통합 외에 내적 통합을 위한 노력이 부족
한 것이 현실이다. 일반학교 교사 중 통합교육에 대해 회의적이
거나 의문을 갖는 경우도 많다. 특수학교가 있는데 왜 특수학
급을 편성하느냐며 오히려 적절한 교육을 받을 수 있는 기회를
박탈하는 것이 아니냐고 말하는 교사도 있다. 하지만 이러한
논리는 너와 나는 애초에 다른 존재이니 서로에게 적합한 교육
을 분리하여 실시하자는 것이다.

| 일반교사가 생각하는 통합교육의 불편한 진실 |
① 특수교육 보조인력의 수업 참여 부담
② 특수학급 학생의 행동적 특성으로 인한 일반학생의 수업권
   침해 문제
③ 특수학급 학생 교수 시 난이도 조절과 개별지도의 어려움

| 특수교사가 생각하는 통합교육의 불편한 진실 |
① 특수학급 학생과 일반학생과의 관계 형성 및 생활지도
② 통합학급 담임교사 및 교과 교사와의 개별화교육계획IEP 공
   유의 어려움
③ 특수학급 업무 과중(장애인 편의시설, 보조인력 인건비, 방과후학

교, 특수교육 종일반 강사(돌봄) 업무)

　장애인은 장애인만의 공간에서 따로 그들에게 맞는 세상을 그리는 것이 낫지 않느냐고 말하는 사람도 있다. 그것은 옳지 못한 생각이다. 장애는 어느 누구도 스스로 선택한 것이 아니라는 점을 우리는 잊지 말아야 한다. 우리가 간과하고 있는 것은 바로 이 점이다. 이러한 사회적 통념에 대한 철학이 존 롤스의 '정의론'이다. 우리는 정의론적 관점을 갖고 대상을 바라봐야 한다. 정의론적 관점에서 바라본 통합교육은 뒤에서 더 자세히 이야기하겠다.

　우리 아이들이 가야 하는 곳은 결국 사회라는 종착점이다. 이것은 누구나 다 알고 있다. 사회 통합을 위해서는 학령기 때부터 통합이 실천되어야 한다. 학교에서부터 특수교육대상자가 사회에 잘 적응하여 살아갈 수 있도록 함께 준비해야 한다. 통합교육이 어려운 숙제 같지만 우리가 끊임없이 실천하고 노력해야 하는 인성교육 중 하나임을 알아야 한다.

　이제는 특수교사만이 아니라 일반교사 주도의 통합교육 실천이 필요하다. 통합교육은 일반학생과 장애학생의 공존에서 비롯되는데, 이 모두를 포괄하고 지도하는 일반교사의 역할이 무엇보다 중요하기 때문이다. 특수교사의 입에서만 나오는 통합교육으로는 진정한 통합교육을 이루어낼 수 없다. 일반교사의 눈으로 바라보고 그들의 입에서 통합교육 실천의 자성적 목소리가 나올 때 통합교육은 한 발짝 더 나아갈 수 있다.

사실 교사 통합조차 이루어지지 않는데 일반학급 학생과 특수교육대상학생의 통합을 강조하기에는 다소 무리가 있다고 볼 수 있다. 그래서 아이들 통합도 중요하지만 특수교사와 일반교사 간의 통합도 매우 중요하다. 업무 차이로 인해 특수학급 교사와 일반교사가 함께하는 기회가 많지 않다. 하지만 연결고리를 만들기 위해 노력해야 한다. 특수학급 업무 외 학교 업무가 일반학급 교사와의 작은 연결고리가 되어 통합교육활동을 지원하는 열쇠가 되기도 한다.

특수학급 교사들이 특수학급 교실에만 머물지 않고 수업, 업무, 공동체활동, 친목회, 각종 교육행사 등 모든 것에 적극 참여할 때 교사 통합이 선행되고 학생과의 통합교육이 좀더 수월하게 이루어질 수 있다. 그 과정 속에서 우리 아이들의 이야기가 일반교사의 입에서 먼저 흘러나오는 모습을 볼 수 있을 것이다.

많지는 않지만 각 시도별로 초등교사 중심의 통합교육연구회가 자발적으로 활동하고 있다. 이러한 일반교사 주도의 통합교육 실천 연구회에 특수교사도 동참하여 새로운 통합교육활동을 위한 많은 연구를 해야 한다. 특수교사가 주도하여 교내 전문적학습공동체를 구성하는 것도 좋은 방법이다.

특수교사가 적극적으로 나서고 움직일 때 비교과 영역으로 분류되는 것이 아니라 학교 구성원의 하나로 자신의 입지를 찾고 목소리도 낼 수 있다.

매년 학교의 계획이나 학사일정을 수립할 때 교무기획부를 통하여 통합교육 일정을 잡고 창의적 체험활동 시간을 통하여 장애이해교육이나 다채로운 통합교육방법을 고민해야 한다.

장애이해 신문, 장애이해 퀴즈, 영상 등을 QR 코드를 활용하여 접근하도록 하거나 교직원 회의 시간에 담임 선생님들께 아이디어 넘치는 참여 방법을 안내하는 등 적극적이고 창의적인 참여가 필요하다.

특수교육대상학생이 학교에서 보호받고 도움을 받는 존재라는 인식을 과감하게 깨나가자. 일반학교라는 테두리 안의 한 구성원으로서 학교 교육과정과 함께 어우러져 나가고 그 안에서 자신의 역할과 빛깔을 내야 함을 잊어서는 안 된다.

통합학급 적응 기간은
왜 필요한가?

통합학급 적응 기간은 3주간인데 2학년, 3학년 학생들이 적응 기간에도 특수학급에서 수업하고 싶다고 자꾸 내려와요. 새 학기 통합반 적응을 위해 실시하는 것이라고 설득해서 억지로 통합학급에 올려 보내고 있는데 과연 이것이 옳은 방법인가요?

가끔 누구를 위한 통합학급 적응 기간인가라는 생각이 불현듯 들 때가 있다. 사실 통합학급 적응 기간이 필요한 것에 동의는 한다. 실제 이 기간에 교사들이 할 일이 참 많다. 통합학급에 매시간 가서 아이들이 잘 지내는지, 쉬는 시간에는 무엇을 하고 누구랑 함께 지내는지, 필요한 준비물이나 교과서와

필기구는 잘 챙기고 있는지 등 아이들 하나하나 세심하게 들여다봐야 한다. 또 이 기간에 학부모 간담회 준비와 통합학급 아이들 장애이해교육 계획을 수립해야 한다.

3월 적응 기간은 아이들뿐만 아니라 교사에게도 매우 중요한 기간이다. 새로 발령받거나 전입해 온 경우 학교 적응과 함께 해야 할 업무로 눈코 뜰 새 없이 바쁜 시간이다. 하지만 통합학급 적응 기간의 본질을 잊어버려서는 안 된다.

통합학급 적응 기간은 학년 초 장애학생들이 일반학급에 소속감을 느끼며 원활한 학교생활을 할 수 있도록 친구와 교실 환경에서 적응하도록 정해진 기간을 의미한다. 대체로 2~3주 운영을 하며 학교와 학생의 특성과 요구 등을 고려하여 실시한다. 교사 편의 중심의 적응 기간이 되지 않도록 유의해야 한다. 적응 기간의 취지와 목적을 항상 잊지 않고 잘 활용하는 데는 요령이 필요하다.

| **통합학급 적응 기간의 목적** |
① 특수교육대상학생이 통합학급에 적응할 충분한 시간 갖기
② 특수교육대상학생의 원만한 적응을 돕기 위한 장애이해교육 실시하기
③ 특수교육대상학생이 통합학급 구성원이라는 인식 갖게 하기

종종 일반학교에서 통합학급 적응 기간을 수업시수로 인정하지 않는 경우가 있다. 적응 기간 동안 특수교사의 주도적인 활동이 없다고 판단하여 불이익을 주는 일이 생기지 않도록 특수교사가 면밀하게 계획을 세워 운영해야 한다.

통합학급 적응 기간에 특수교사는 통합학급 담임과 학생에 대한 이야기를 나누고 개별화교육계획IEP 수립을 위한 기초학습평가 및 목표를 수립한다. 또 최종 통합학급 시간표가 나오면 특수학급 시간표를 작성한다. 적응 기간이라 직접적인 수업은 하지 않지만 개별화교육계획수립IEP을 위한 현행 수준 파악도 이 기간에 이루어질 수 있도록 준비해야 한다.

특수학급 교육과정, 방과후 운영계획 등은 3월 전에 모두 마쳐야 한다. 2월에 마치지 않으면 정작 3월에 해야 할 일들을 못하는 경우가 생기게 된다. 3월에는 시작과 동시에 아이들을 맞이할 준비가 되어 있어야 한다. 학기가 시작하기 전에 사물함, 책상 등에 이름표를 붙이고 아이들과 함께 공부할 모든 준비를 완료한다.

업무에 집중하다 보면 학년 초 하나하나 신경 써야 할 아이들을 놓칠 수 있다. 업무도 중요하지만 가장 중요한 것은 학생들임을 잊지 말고 학기 초 적응 기간에 통합학급 아이들과 어떻게 지내는지, 불편한 사항은 없는지 등을 세심하게 살펴봐야 할 것이다.

| 통합학급 적응 기간 동안 일반교사의 역할 |

① 특수학급 학생 지도: 특수학급 학생 특성 파악, 학급 구성원으로 생활하도록 준비(또래 도우미, 1인 1역할 등 계획)

② 일반학생 지도: 넓게 이해하는 마음 지도, 특수학급 학생에 대한 설명, 다양성 교육

| 통합학급 적응 기간 동안 특수교사의 역할 |

① 상담 및 진단평가

② 특수교육 교육과정 결재: 2월에 계획 수립하기를 권장

③ 통합학급 지원: 또래 도우미, 장애이해교육, 교직원 연수, 통합교육 협의회 등

④ 특수교육 홍보

⑤ 특수학급 환경 구성 및 교재교구 구입

위에 언급한 또래 도우미는 1:1로 매칭하여 짝을 짓는 형태도 좋지만, 모둠이나 반 단위에서 자연스럽게 지원하는 형태로 이루어지도록 하는 것이 가장 좋다. 의무적인 1:1 또래 도우미는 의외로 실패하기가 쉽다. 또래 도우미 활동의 지속성을 위해서는 일반학생과 장애학생 모두에게 유익해야 하고, 통합학급 및 특수학급 교사의 지속적인 지원과 모니터링이 필요하다.

나는 특수학교 근무 후 중학교, 고등학교 특수학급에 오랫

동안 근무를 했다. 새 학년 업무가 매년 하던 일이다 보니 적응 기간에 대해 가끔 회의를 느낄 때도 있었다. 모든 아이들이 그런 것은 아니지만 상당수 아이들이 이 기간을 힘들어했다. 실제로 "선생님! 저 특수학급에서 수업하면 안 돼요?"라고 말하는 아이들이 있었다. 그럴 때마다 누구를 위한 적응 기간인가라는 생각이 들었다. 재학생의 경우는 더 그렇다.

1교시에서 7교시까지 온종일 통합학급 수업을 듣는 건 특수학급 아이들에게 쉽지 않은 일이다. 고등학교의 경우 적응 기간이라는 명목으로 9시부터 17시까지 어려운 내용을 들으며 교실에 앉아 있는데 이 아이들 입장을 다시 생각해봐야 한다.

내 경험에 비추어보면 중학교 3학년, 고등학교 3학년 아이들은 학교 시스템을 대체로 이해하고 있어 적응 기간이 꼭 필요하지는 않았다. 나는 적응 기간을 1주일 이내로 하고 바로 수업을 했다. 이때 임시 시간표로 수업을 짜고 최종 시간표가 나오면 최종 시간표를 내부 결재하여 수업을 재조정했다. 개별화교육, 교육과정 재구성을 통한 학생중심교육을 실시해야 하는 이 시대에 적응 기간도 아이들의 특성과 학년, 연령에 맞게 해야 하지 않을까.

일반학급 학생과
특수학급 학생 친구 되기

특수학급 학생과 일반학급 학생이 원만하게 지낼 수 있도록 하고 싶어요. 만약 특수학급 학생과 일반학급 학생 사이에 문제가 발생했을 때 어떻게 대처해야 할까요? 직접 나서려니 일반학급 학생을 대하기가 어려워요.

내가 처음 발령받았을 때만 해도 경기도 내 고등학교 특수학급 리스트는 한 페이지로 끝나는 수준이었다. 그러나 고등학교의 약 70%에(경기도 기준) 특수학급이 설치되어 있는 지금은 학생들이 초등학교부터 고등학교까지 특수학급이라는 것을 최소 한 번 정도는 경험하게 된다.

특수학급 학생에 대한 일반학급 학생의 이해와 관심의 정도는 연령에 따라, 성별에 따라, 학교급에 따라 차이가 난다. 고학년에 올라갈수록 아이들 간의 관계가 민감해지고 복잡해지며, 남학생과 여학생에 따라서도 그 관계의 유형이 참으로 다양하게 나타난다. 그리고 도심의 학교, 농어촌 학교, 학력 수준이 높은 학교, 6학급 이하 소규모 학교, 특성화 고등학교 등 학교와 지역의 특성에 따라 학교의 분위기가 매우 다르다. 이러한 특성을 교사가 빠르게 파악하는 것이 중요하다.

통합교육은 장애학생이 일반학교에서 함께 공부하며 또래와 상호작용하는 것을 말한다. 통합학급 환경에서 장애학생과 비장애학생은 서로 무엇을 배우고 얻을 수 있을까? 장애학생은 상호작용과 의사소통 기술을 배워 사회적응력을 키우고 공동체 생활의 기본을 배워나갈 수 있다. 비장애학생과의 동등한 교감, 교류는 장애학생의 자존감을 높여주는 데 도움을 준다. 이밖에 장애학생이라는 낙인과 고립감에서 벗어날 수 있다는 장점도 있다.

비장애학생의 경우는 어떨까? 일반학생들은 타인에 대한 배려와 다양성에 대한 인정 그리고 사회적 협력과 책임감에 대해서 생각해볼 수 있는 기회를 갖게 된다. 약자나 소수의 인권에 대해서 생각해보고, 배려의 인성을 배우고, 장애를 극복하는 친구의 모습에서 배움이 일어나게 된다. 교실이라는 환경에서 배운 것을 통해 사회에 나가 장애인뿐만 아니라 주위 사람에 대한 편견과 오해를 줄일 수 있다는 장점도 있다. 그리고 사회생활에 필요한 협력적 역량을 기를 수 있다.

이러한 긍정적 요소가 극대화되기 위해서는 교사의 역할이 중요하다. 특수교사와 통합학급 담임교사 간의 소통, 만남, 약속 등이 꾸준하고 긍정적으로 이뤄져야 한다. 학기 초 일회성이 아닌 잦은 만남을 통해 담임 간의 유기적 관계가 형성되어야 한다. 중학교는 특히 자유학기제나 현장체험학습, 체육대회, 동아리활동 등에서 특수교사와 담임교사 그리고 교과 담당교사가 협력할 일이 많다.

중학교에 근무할 때 전문상담교사와 함께 대안교실* 아이들과의 통합교육을 실시한 적이 있다. 매주 대안교실을 통하여 바리스타 교육, 슬로우푸드 체험, 요리 실습, 봉사활동 등을 같이 하며 이야기를 만들어갔다. 처음에는 자기 의지가 강해 학교 분위기를 흐트러뜨리는 아이들이 많아서 특수학급 아이들에게 좋지 않은 영향을 주거나 생각지 못한 문제가 발생할까 봐 걱정했다. 그런데 상호 긍정적 신호를 심어주는 이야기를 같이 만들어가면서 이해의 벽을 넘으니 통합학급까지 확장되어

---

* 학생 한 명 한 명의 적성과 소질에 맞는 교육을 받을 수 있도록 공교육 내에서 다양한 대안교육 기회를 제공하고 있으며 학교 부적응 학생, 위기 학생 등에게 맞춤형 특별 교육 프로그램을 제공한다.

화합이 이루어지는 모습을 볼 수 있었다.

우리 아이들과 일반학생들이 잘 지내기 위해서는 특수교사와 일반교사와의 관계도 중요하지만, 일반학급 학생과 특수교사가 친하게 지내는 것도 필요하다. 보통 아이들은 자기를 가르치지 않으면 선생님으로 다가가지 않는다. 그렇기 때문에 자꾸 일반학급 아이들 앞에 서도록 노력해야 한다. 조금씩 대면하는 시간을 늘려야 아이들도 '내 선생님'으로 받아들이게 된다.

나는 일반학생이 포함된 동아리활동을 매년 꾸준히 해왔다. 이 과정을 통해 일반학급 아이들과도 작은 대화의 통로가 생겼고, 특수학급 아이들에 대한 이야기도 쉽게 할 수 있었다. 일반학생들과 쉽게 어울리지 못하는 특수학급 아이들의 특성상 서로 간의 거리를 좁혀주는 특수교사의 다양한 교육활동이 필요하다.

예전에 근무했던 중학교는 10년째 교과교실제를 운영해온 학교였다. 교과교실제는 학생들이 수업 시간마다 해당 교과 교실을 찾아가는 이동식 수업을 말한다. 쉬는 시간에는 복도에 늘 아이들이 붐비고, 홈베이스(학년별 사물함 배치 공간)는 아이들의 아지트가 되었다. 이러한 교과교실제의 문제는 아이들이 편하게 쉴 수 있는 공간이 적어진다는 것이다. 그나마 빈 교실도 생활지도 문제로 문을 잠가 놓는 경우가 많았다.

그래서 특수학급 교실을 아이들에게 오픈하였다. 교실을 아이들이 쉴 수 있는 공간으로 활용한 것이다. 일반학급 아이들이 특수학급 교실을 오고가며 나와 대화도 하고 함께 어울리게 되었다. 단발성이 아닌 매일매일 반복된 이러한 과정이 일반학생과 특수학급 학생의 관계 개선에 많은 도움이 되었다. 물론 부작용도 있다. 특수교사가 좀 피곤하다. 들락날락거리는 학생들로 교실이 항상 붐비기 때문이다.

통합교육을 할 때 특수교사는 장애학생의 참여를 최대한 촉진하면서도 그 과정에서 일반학생이 장애학생으로 인한 피해감이나 분노를 갖지 않도록 유의하며 지도해야 한다. 그밖에 다양한 학급 자치활동, 조·종례, 가정통신문 챙기기는 교사가 세심히 신경 써야 하며 장애학생의 짝이나 또래 도우미도 함께 살펴야 아이가 통합학급에서 보다 수월하게 생활할 수 있다.

통합학급에서 담임교사와 비장애학생, 특수교사와 장애학생이 공동의 생각을 갖고 함께 노력해야 장애 인권이 지켜질 수 있다. 하지만 이러한 과정은 정말 쉽지 않다. 그러나 마땅히 우리가 함께 나아가야 할 방향이기에 회피해서는 안 된다.

어렵고 힘이 들 때 함께 손을 잡고 서로 짐을 조금씩 나눠 들며 서로를 바라볼 수 있음에 감사하도록 가르치는 것, 그리고 이를 삶에서 행하는 것, 그것이 통합학급에서의 인성교육의 실천이자 정의로운 사회를 구현하는 첫걸음이지 않을까 한다.

장애이해교육은
어떻게 해야 할까?

> 매년 실시하는 장애이해교육, 올해는 무엇을 해야 할지 고민돼요. 특수교사가 장애이해교육을 매년 실시해야 하는 것인가요?

우리 사회 조직에는 두 마리의 '개Dog'가 존재한다고 한다. 이 말을 하면 대부분 조직 내 상급자를 두고 하는 이야기냐며 웃는다. 그러나 여기서 말하는 두 마리의 개는 조직 내 존재하는 편견犬과 선입견犬을 뜻한다. 우스갯소리로 하는 이야기지만 이 말에는 이 사회에 대한 풍자가 담겨 있다. 우리는 약자에 대해 편견과 선입견이라는 색안경을 쓰고 바라보고 판단하는 경우가 많다.

이러한 오개념을 바로잡는 것이 바로 인성교육이며, 장애에 대한 오개념을 바로잡는 것이 바로 장애이해교육이라고 할 수 있다. 인성은 인간의 기본적인 성품으로 올바른 성품을 길러 사회의 구성원으로서 역할을 잘 수행할 수 있게 돕는 것이 교육의 역할이다. 장애이해교육 역시 인성을 위한 것이다. 장애이해교육은 아이들이 사회인이 되기 위한 준비 단계인 학교에서부터 반드시 필요한 과정이다.

통합학급 교사와 일반학생들이 장애에 대해 이해가 되어야 진정한 통합교육의 첫 단추를 꿸 수 있다. 기본적인 이해조차 없다면 아무리 일반학생들에게 장애학생은 이런 점이 필요하다고 한들 소용없다. 문제행동(=도전행동)이나 특별한 사항이 발생했을 때 '너희들이 이해하고 도와줘야 한다'라는 말은 설득력이 떨어진다. 특수교육대상학생에게 나타나는 행동적 특성의 원인에 대한 이해가 있을 때 배려의 마음이 생기기 때문이다.

장애를 가진 학생을 위해 일반학생에게 정보를 제공할 때 주의해야 할 점은 다음과 같다. 첫 번째로 장애로 인한 핸디캡보다 이 아이들이 갖고 있는 강점과 가능성을 인식할 수 있도록 한다. 모든 사람이 강점과 약점이 있듯 이 아이들도 너희와 다르지 않다는 것을 일러준다. 인격체의 다름이 있듯 장애도 너와 나의 다름일 뿐이라는 것을 일깨워주어야 한다. 장애 또한 개인적 특성임을 알게 하고 장애학생과 비장애학생의 차이

점보다는 공통점이나 비슷한 점에 대해 이야기한다.

두 번째로 특수학급 학생은 무조건 도와야 하는 대상이라 판단하지 않도록 일깨워주는 것이 반드시 필요하다. 아직도 학교현장에서는 '학습 도움반'이라는 명칭이 사용되고 있다. 이러한 명칭에는 장애학생은 도움을 받아야만 하는 학생이라는 인식이 담겨 있다. 학생들이 장애인은 불쌍한 존재라는 편협한 시각을 갖지 않도록 교육의 방향을 설정해야 한다. '장애인은 불쌍하다'라는 인식은 상대가 나보다 못하다고 여길 때 느껴지는 감정이기 때문이다.

무조건 돕는 것이 아니라 무엇이 필요한지 먼저 물어볼 수 있도록, 스스로 할 수 있는 부분이 무엇인지 알고 도움이 필요한 것을 지원할 수 있도록 교육하자. 장애학생이 독립성과 자립심을 키울 수 있게 독려할 수 있도록 말이다.

요즘에는 공익광고나 유튜브 영상 중에 장애이해 자료가 매우 많다. 이와 같은 콘텐츠를 활용하는 것도 좋다. 나는 다양한 장애이해 관련 영상이나 공익광고 등을 활용하여 소감을 나누는 것으로 시작했다. 선물을 주며 참여를 이끌었는데, QR 코드를 통해 영상에 쉽게 접근할 수 있도록 하였다. 장애이해 퀴즈도 유용했다. 장애이해 신문을 만들어 관심을 끌기도 했다.

장애체험을 통해 이해를 돕는 것도 방법이다. 휠체어 체험이나 시각장애 체험 등 아이들이 장애인 입장에서 불편함을 몸소 겪어볼 때 그 핸디캡을 이해하고 마음으로 그들의 손을 잡아줄 수 있게 된다.

장애이해교육은 강사를 초청하여 운영하는 방법도 있다. 강연은 어떤 강사를 초청할 것인지가 가장 큰 고민이다. 평소에 여러 곳에 안테나를 뻗으며 지속적으로 관심을 갖고 둘러봐야 한다. 특수학교 교사가 된 시각장애 선생님을 초청해 교사가 되기까지의 이야기를 아이들과 나누는 자리를 마련했던 것이 가장 기억에 남는다. 또 이 인연을 통하여 시각장애 아나운서를 모시기도 했다. 멋진 피아노 연주와 함께 노래를 들려주시며 학생들에게 자신의 조건을 긍정하는 법을 전하는 시간을 만들었다.

인터넷 블로그에서 고정욱 작가를 모시고 장애이해교육을 한 사례를 보고 그 학교에 문의하여 강사로 초빙한 적도 있었다. 유명한 동화작가이자 휠체어를 탄 지체장애인이기도 한 고정욱 작가의 강연은 학생들에게 용기와 도전정신을 심어주었다.

나는 간단한 장애물을 피할 수 있는 시각장애 로봇*을 만들기도 했다. 로봇이라는 신기한 소재가 아이들의 관심을 끌 것 같아서였다. 학교 행사 때마다 미션 부스를 만들어 자연스럽게 학교 행사에 장애이해교육을 녹였다. 이때 일반학생은 물론 학부모, 형제자매도 참여할 수 있게 하여 학교의 학생뿐만

* 시각장애 로봇 영상 http://bit.ly/2LtUP9v

시각장애 로봇 체험

아니라 그 가족들도 함께 장애체험을 할 수 있게 했다.

교육자료를 만들어 일반학급 아이들 앞에 직접 나서기도 했다. 특수교사가 일반학급 교단에 서는 게 쉽지 않은 일이지만 자주 일반학급 학생들 앞에 서야 아이들의 시각이 달라진다. 특수교사도 우리 선생님이라 생각하여 특수학급 아이들의 소소한 일상을 전해주기도 하고, 같은 반 장애학생에 대해 마음을 열게 된다.

학년 초에 수립하는 학사일정 안에서 통합교육 시간을 할애하는 것이 생각보다 쉽지는 않다. 또한 특수교사 한 명이 전교생을 위한 특정한 행사를 준비하기에는 심적 물적 부담이 큰 것도 사실이다. 특히 경력이 많지 않거나 신규 특수교사의 경우 주도적으로 교육활동을 이끌어내기는 정말 어렵다. 부장회의에 참석하지 않으니 학교 중요사항에 대한 정보가 부족해 학사일정에 장애이해 교육활동을 반영하기 어렵다.

이런 경우에는 학년 말 활동(고등학교 진학이나 수능 이후 졸업생 대상 프로그램)에 통합교육활동을 계획하여 운영하는 것도 방법이다. 나는 고등학교에 근무할 때 학년 부장님에게 학년 말 프로그램으로 장애이해교육을 진행할 수 있도록 시간을 할애해달라고 하였다. 요즘은 다들 수능이 끝나면 학교마다 학년 말 프로그램을 진행한다. 중학교 3학년도 2차 지필평가를 조기에 마무리하고 고입 진학 처리 후 방학까지 수 주 동안 학년 말 프로그램을 운영한다. 이때 통합교육 프로그램을 계획하는 것이다.

중학교, 고등학교 3학년 부장의 고민은 학년 말 프로그램을 무엇을 해야 하나이다. 이때 특수교사가 먼저 3학년 대상으로 장애이해교육 프로그램을 하고 싶다고 한다면 3학년부에서 대환영할 것이다. 물론 특수교사 입장에서 '굳이 이렇게까지 해야 할까, 안 해도 되는 일을 내가 만들어가면서까지 할 필요가 있을까?'라는 생각이 들 수도 있다. 그러나 그 과정 속에서 특수교사가 학교 구성원으로서 좋은 영향을 주게 된다는 것을 기억하자. 특수교사가 학교 교육활동에 주도적으로 참여하는 것은 학교 구성원으로서 자신의 역할을 만들어가는 좋은 예이다.

장애이해
교직원 연수

교직원 대상으로 장애이해연수를 해야 하는데 막상 무엇을 어떻게 해야 할지 모르겠어요. 좋은 방법이 없을까요?

특수교사는 일반학생 대상의 장애이해교육 말고도 학교 교직원 대상으로도 장애이해연수를 실시해야 한다. 특수교사로 통합학급에서 근무한다는 것은 참으로 쉽지 않은 일이다. 같은 교직원들을 대상으로 매년 1~2회씩 교육을 하기란 여간 부담스러운 일이 아니다. 특수교사에게만 이런 짐이 지워진 것 같은 안타까움이 있다.

일반교사와 일반학생이 장애학생에 대해 바르게 이해할수

장애이해연수 및 특수학급 안내 자료
[다운로드 url : bit.ly/2vZ4nFb]

3. 통합교육을 고민하다

록 장애학생의 통합교육이 더욱 성공적일 수 있다는 측면에서 장애이해교육은 반드시 필요하다. 또 사회의 약자와 소외된 소수를 배려하고 존중하는 인성교육적 관점에서도 장애이해교육의 중요성이 강조된다. 일반학생은 통합학급에 배치된 장애학생에 대해 더 알수록 그 학생을 마음으로 받아들일 수 있게 된다.

교사를 대상으로 한 장애이해연수는 교직원 회의 시간을 이용할 수 있다. 담임교사 및 교과 교사회의나 전문적학습공동체 모임 때 자연스럽게 연수를 진행하기도 하고, 바쁜 학년 초에는 메신저를 활용해 특수교육대상학생에 대한 당부 내용을 전하기도 한다. 전체 메신저 활용시 학생들 이름은 부분적으로 가려서 보내도록 한다. 교직원 회의 때 특수학급 현황 관련 자료를 나누어주게 되면 학생 개인정보는 최소한으로 작성해야 한다. 또 시도교육청이나 국립특수교육원에서 운영하는 통합학급 연수를 안내하는 방법도 있다.

장애이해와 관련한 다양한 영상이나 관련 자료의 동영상 사이트 주소를 학교 홈페이지 공지사항에 올려 학교 교육공동체(학생, 교사, 학부모) 모두가 볼 수 있도록 하는 것도 장애이해연수 방법 중 하나이다. 홈페이지에 올릴 때는 반드시 개인정보 유출 위험 여부를 확인하여야 한다. 나는 비주얼씽킹 기법을 활용하여 장애이해연수와 특수학급 교육활동 내용을 그림으로 그려 연수를 했다(김차명,《참쌤의 비주얼씽킹 끝판왕》참조).

교사가 장애학생에 대해 잘 이해하고 있으면 장애학생을 교육할 때 겪는 여러 가지 문제(교육목표, 교수적 접근 방법, 교육과정 재구성)의 시행착오를 줄이고 학생중심의 교육을 실천하는 데 도움이 된다.

일반학생과 교사 대상 장애이해교육과 연수는 성공적인 통합교육의 첫걸음이다. 이런 교육은 장애학생이 학급에 배치되는 순간부터가 아니라 한 개인의 인생 생애주기에 맞게 지속적으로 이루어지는 것이 바람직하다. 유아 때부터 통합교육을 통해 장애학생과 비장애학생이 자연스럽게 어울리는 환경을 만들어 장애라는 벽을 세우지 않도록 하는 것이 중요하다.

3. 통합교육을 고민하다

정의론에서 본
특수교육

"몇 명 안 되는 특수학급 학생을 위해 많은 예산을 들이는 것은 일
반학생에 대한 역차별"이라고 말하는 일반학급 선생님들이 가끔 있
어요. 이럴 때는 어떻게 대응해야 할지 모르겠어요.

평등적 자유주의자 혹은 자유주의적 평등주의자 존 롤스
John Rawls*의 정의론적 관점은 우리 사회 곳곳에서 찾아볼 수

---

* 1921년 미국 볼티모어에서 태어났고 1950년 프린스턴 대학교에서 철학박사 학위를
받은 후 코넬 대학과 매사추세츠 공대MIT 교수를 지냈다. 1962년에는 하버드 대학교
철학과 교수가 되었으며, 그 후 이 대학에서 명예교수를 지냈다.(출처: 서울대 철학사상
연구소)

있다. 존 롤스의 정의론은 똑같은 관점에서 공정한 평등이 반드시 이루어져야 한다는 것이다. 대표적인 정책으로는 대학 입시의 교육기회균등전형이나 농어촌특별전형, 장애인 관련 각종 정책 지원 등이 있다.

조선시대의 과거제도는 평민부터 양반까지 누구나 응시할 수 있는 평등한 제도라고 하지만, 노비들은 응시할 수 없었고 평민은 노동과 군역의 의무 등으로 기회가 적었다. 시작부터가 불평등이었다. 타고난 신분을 어쩔 수 없는 것과 마찬가지로 장애 역시 선택한 것이 아니다. 부모님을 선택할 수도 없다. 이러한 선택의 불평등을 평등함으로 시작하도록 하는 게 바로 정의라고 주장하는 것이 존 롤스의 정의론이다.

롤스는 기본적으로 부의 차이를 인정한다. 현실에서 불평등은 있을 수 있고, 있을 수밖에 없다는 것이다. 한마디로 롤스는 재산의 분배를 통해 공정한 사회를 만드는 것이 아니라 실질적인 기회의 평등으로 패자라고 일컬어지는 빈곤층이 부활할 수 있는 가능성을 탐색한다. 이 이론을 바탕으로 학교에서는 학급당 특수교육이 요구되는 학생을 유치원 4명, 초등 6명, 중학교 6명, 고등학교 7명의 비율로 지원하고 있다. 행·재정적 지원을 통해 태생적 장애로 인한 불평등을 해소하는 것이다.

존 롤스는 사회의 모든 가치, 즉 자유와 기회, 소득과 부, 인간적 존엄성 등은 기본적으로 평등하게 배분되어야 하며, 가치의 불평등한 배분은 그것이 사회의 최소 수혜자에게 유리한 경우에만 정의롭다고 봤다.

막대한 공간과 예산을 들여 장애인 편의시설을 만드는 경우가 있다. 이는 소수를 위해 기회의 평등을 추구하는 것이다. 특수교육대상학생에 대한 예산 지원을 과도한 역차별이라고 주장하는 사람들이 있는데, 이와 같은 말은 정의론적 관점을 전혀 모르고 하는 말이다.

사회 소외계층을 위한 존 롤스의 평등적 자유주의 이론은 복지정책과 맞물려서 모두가 잘사는 사회를 지향한다. 경기도교육청의 교육철학인 공공성과 형평성의 관점과 이를 실현하기 위한 혁신학교 정책도 이러한 맥락과 연관이 깊다. 경기도에서 시작된 "단 한 명의 아이도 포기하지 않는 교육"이라는 캐치프레이즈는 이제 우리나라 교육의 방향과 정책을 대변하는 문구가 되었다. 부의 편중이 더욱 심화되어가는 글로벌 자본주의 체제 속에서 재화의 분배와 형평성이라는 측면에서 정의론의 시선으로 다시 학교를 바라봐야 한다.

어느 누구도 스스로 장애인이 되기를 선택하지 않았다. 확실한 것은 나도 언제든지 장애인이 될 수 있다는 것이다. 평등은 공평함에서 시작해야 하며 이것이 정의라는 관점을 이해해야 한다. 장애인 편의시설과 관련 복지 및 교육 지원 활동은 비장애인에 대한 역차별이 아니라 정의 그 자체다.

특수학급과
자유학기제의 닮은 점

> 자유학기제 교육활동이 특수학급 활동이랑 많이 닮은 것 같은데, 특수교육에서 자유학기제는 어떤 의미가 있나요?

자유학기제는 경기도 교육정책이었는데 교육부에서 정책화시켜 전국적으로 실시하고 있다. 지금 경기도는 자유학기제에서 한발 더 나아가 자유학년제를 말하고 있다. 연계형 자유학기제를 통해 배움중심수업과 과정중심평가의 내실화로 자유학년제의 안착을 도모하는 중이다.

자유학기제는 중학교에서 한 학기 동안 교과와 연계한 활동 중심으로 학생중심수업을 실시하는 것이다. 지필평가를 벗어난 자유학기제를 통해 평가방식이 달라지면 교육내용과 방법도 달라짐을 알 수 있다.

한 학기 동안 주제선택, 진로탐색, 예술체육, 동아리활동 시간을 확보하여 운영하는 자유학기제의 학기당 개설 영역 및 운영은 학교가 자율적으로 결정한다. 연계형 자유학기는 자유학기의 연속성을 유지하는 것인데, 자유학기가 끝난 이후에도 배움중심수업 및 과정중심평가를 실시하고 교과 및 창의적 체험활동 시간을 활용하여 중점 연계 자유학기 활동을 지속한다. 이때 주제선택 중점 연계활동은 필수다. 이 제도는 수년간의 시범운영을 거쳐 지금은 정착 단계에 있다.

자유학기는 대부분 고입과 거리가 먼 중학교 1학년에서 실시하고 있다. 특수학급에 편성된 신입생은 새 학교에 적응해야지, 담임 선생님에 교과 선생님도 있지, 주제선택 활동으로 교실을 옮기며 다양한 형태의 수업에 적응해야지 새 학기가 쉽지 않다. 그래서 중학교 1학년은 더욱 관심과 지도가 필요하다. 교과교실제를 실시하는 중학교에서 근무했을 때 3월 통합학급 적응 기간에 신입생들이 교과교실 수업 이동과 자유학기제 이동 수업으로 바빠 나도 덩달아 바쁘게 지낸 기억이 있다.

중학교에서 실시하는 자유학기제는 특수학급의 교육활동과 닮았다. 교육내용이 활동 중심으로 바뀌며 지식 전달 중심에서 삶 중심의 교육활동이 자연스럽게 이루어진다. 교육과정-

수업-평가(기록) 일체화 및 블록수업과 주제선택 활동 등을 통하여 교육과정 운영이 다양해지고, 교과 융합의 토대가 마련이다.

특수학급은 지필평가를 실시하지 않으니 이미 자유학기제와 같은 다양한 활동이 이루어지고 있다. 거기에 학급운영에 필요한 예산까지 있어서 활동중심수업을 하는 데 매우 좋은 환경이다.

중학교에서 근무할 때 자유학기제 수업을 담당하는 일반학급 선생님이 "오늘은 애들과 어떤 활동을 하죠?"라며 고민하는 소리를 종종 들었다. 전에는 교과서만 가르치면 되었기에 교과서 외에 다른 교육활동을 굳이 준비할 필요가 없었지만, 이제는 교과서를 넘어서 끊임없는 연구가 요구된다.

불과 몇 년 전까지만 해도 대부분의 교사는 학교라는 테두리를 벗어나는 교육은 생각하지 못했다. 하지만 지금은 그런 상식의 벽이 무너졌다. 경기도만 해도 마을의 인력과 자원을 통한 '꿈의 학교', '꿈의 대학' 등 마을교육공동체 활동을 정책적으로 시행하고 있다.

일반교사는 교과별 평가계획 기반 지필평가로 인하여 교실과 학교를 벗어나는 데 어려움이 있었다. 그나마 숨통을 틔운 것이 중학교 자유학기제(경기도의 경우 자유학년제)인 것이다. 이미 특수교사는 마을교육 자원을 활용하여 방과후학교, 직업교육, 현장실습 등의 학습활동을 실천하고 있다. 이렇게 할 수 있었던 가장 큰 이유는 성적을 내기 위한 지필평가가 없고, 특수학급은 일반 교육과정에 비해 교육과정 운영의 자율성이 확보되어 있으며, 지식 중심이 아닌 삶 중심 실천 교육이기 때문이다.

마을과 함께하는 교육에서 특수교사는 일반교사보다 먼저 경험하고 실천하였기 때문에 일반교사와 협력하는 활동을 할 수 있다. 특수교사라 특수하게 여겨지기보다는 특수교사니까 역량이 다르다고 평가받는 교육 실천가가 되어야 하지 않을까?

04

특수교육의
꽃,
개별화교육계획
(IEP)

개별화교육계획(IEP)이란?

개별화교육계획IEP을 작성하기는 하는데 제대로 작성하고 있는 것인지 모르겠어요. 어떤 순서로 작성해야 하고, 어떤 내용이 꼭 들어가야 하는지 알고 싶어요.

특수교육을 전공한 사람이라면 개별화교육계획IEP의 중요성을 누구보다 잘 알고 있을 것이다. 개별화교육계획IEP을 특수교육의 꽃이라고 표현하는 것도 지나친 말은 아니다. 개별화교육 Individualized Education Program ; IEP이란 "각급 학교의 장이 특수교육대상자 개인의 능력을 계발하기 위하여 장애유형 및 장애특성에 적합한 교육목표·교육방법·교육내용·특수교육 관련 서비스 등이 포함된 계획을 수립하여 실시하는 교육"을 말한다. 특수교육법 시행규칙은 개별화교육계획IEP 구성 요소로 7가지를 기술하고 있다.

| 개별화교육계획(IEP) 구성 요소 |
① 인적 사항 ② 현행 학습 수행 수준 ③ 교육목표
④ 교육내용 ⑤ 교육방법 ⑥ 특수교육 관련 서비스
⑦ 평가계획

법에서는 특수교육대상자를 위한 개별화교육계획IEP을 의무적으로 작성하도록 하고 있으며 보호자, 특수교육교원, 일반교육교원, 진로 및 직업교육 담당교원, 특수교육 관련 서비스 담당 인력 등으로 개별화교육지원팀을 구성하도록 하고 있다. 따라서 개별화교육계획IEP을 수립할 때 통합학급 교사와 학부모의 참여가 필요하다.

| 개별화교육계획(IEP) 작성 절차 |
① 초안 작성: 지원팀 구성원이 각자 해당 영역 초안을 작성함
② 협의 및 결정: 교육목표, 교육내용, 교육방법, 평가 및 특수교육 관련 서비스 결정
③ 최종 기록 및 서명: 개별화교육계획IEP 작성 서명

매 학기 시작일로부터 30일 이내에 개별화교육계획IEP을 작성하여야 하고, 특수교육대상학생의 전입·전출 시 전출 학교에서는 개별화교육계획IEP 원본을 14일 이내에 새로 배치된 학교로 송부하여야 한다. 또 상급학교로 진학 시 개별화교육계획IEP 원본은 보관하고 사본을 14일 이내에 송부해야 한다.

개별화교육계획IEP을 문서로 작성한 경우 서류봉투에 봉인해서 등기우편이나 인편으로 보내거나 업무관리 시스템으로 비공개 처리하여 발송할 수 있다. 나이스NEIS로 작성하는 경우에는 나이스에서 상급학교나 전출 가는 학교로 개별화교육계획IEP을 송부할 수 있다.

대학 학부과정에 '개별화교육계획IEP의 실제'라는 수업이 있지만 단지 몇 학점 이수로 개별화교육계획IEP을 논하기에는 다소 무리가 있다. 개별화교육계획IEP이 현장에서 어떻게 이루어지고 통합학급과 어떠한 방향으로 논의하며 이루어져야 하는지에 대해 학부과정에서 명확히 배우지 못하고 있는 것이 현실이다.

임용고시라는 제도를 넘어 그토록 기다리던 학교현장에 새내기 교사로 발령을 받은 대부분의 특수교사는 학생들과 학부모를 만났을 때 개별화교육계획IEP의 막막함을 한 번쯤 겪게 된다. 개별화교육계획IEP을 작성하면서도 이것이 맞는지 확신하기 어렵고, 그래서 전년도 것을 그대로 따라하게 된다. 기한 내 결재를 득하느라 급하게 작성하는 경우도 많다.

새 학기 개별화교육계획IEP을 작성하기 위해서는 먼저 우리가 이것을 왜 하는지, 무엇을 기대하고 아이들의 이야기를 듣는지 고민해야 한다. 제한된 시간에 여러 아이들의 이야기를 세세하게 듣기란 쉬운 일이 아니지만 우리의 고민과 생각의 깊이가 아이들의 성장에 영향을 준다는 것을 잊지 말자.

단순히 학습 내용을 전달하고 반복 학습하는 것과 아이들 각각의 개별적 목표를 세우고 그 목표를 향해 지도하는 것은 큰 차이가 있다. 아이의 수준을 파악하여 그에 맞는 목표를 세워야 한다. 1년 단위가 아니라 길게는 3년의 과정으로 아이들의 성장을 위해 교사, 학부모가 함께 해나가야 한다.

일반학교에서 그리는 교육정책의 방향 역시 일률적인 지식 전달에서 벗어나 학생의 꿈과 성장을 지원하고 아이들의 내면적 성장을 지향하는 교육이다. 그래서 요즘은 학생 개별적 특성을 고려한 개별화교육에 대한 이야기도 논의되고 있다. 그런데 특수학급에서는 이미 그러한 교육활동을 실천하고 있지 않은가? 우리나라 교육의 방향성을 특수교육이 앞서 이끌고 있음을 잊지 말아야 한다.

개별화교육지원팀
만들기

학생별 개별화교육지원팀을 운영하기가 어려워요. 개별화교육지원팀은 어떻게 구성하고 운영하나요?

개별화교육지원팀은 특수교육대상학생의 개별적 교육 요구에 맞는 교육적 지원을 제공하기 위해 특수교사, 통합학급 교사, 진로직업 담당교사, 특수교육 관련 서비스 담당자, 보호자 등으로 구성된 협의체를 말한다.

개별화교육지원팀은 새 학년 시작 후 2주(14일) 이내에 구성해야 한다. 그러면 어떻게 구성해야 할까? 특수교사가 해당자에게 개별화교육지원팀의 역할을 안내하고 3월 새 학기 시작

후 2주 이내 내부 결재를 받아 구성을 확정한다.

| 개별화교육지원팀 구성 |

① 보호자: 자녀 기초 정보 제공, 교육적 요구에 대한 의견 제시

② 특수교사: 개별화교육계획IEP 수립 업무 담당, 특수학급 학습 및 생활정보 제공

③ 통합학급 교사: 통합학급 학습 및 생활정보 제공, 통합학급 의견 제시

④ 특수교육 관련 서비스 담당 인력: 상담사, 치료사 등

⑤ 직업·진로 담당교사 및 필요에 따라 보조인력도 가능

특수교사는 주 업무 담당자로서 개별화교육지원팀을 구성하고 해당자에게 역할과 취지에 대해 명확히 안내한다. 그렇다면 개별화교육지원팀의 구체적인 역할은 무엇일까?

| 개별화교육지원팀 역할 |

① 개별화교육계획IEP 협의 및 회의 참석 결정

② 개별화교육계획IEP 작성, 실행, 평가

③ 개별화교육계획IEP 재검토 및 재수정(필요시)

④ 특수교육대상학생 배치 변경 및 선정 취소 관련 협의

⑤ 특수교육대상학생의 학교생활과 관련된 전반적 사안 협의

개별화교육지원팀은 학생들에 대한 지원 방법과 교육계획에 대한 협의를 하고, 이를 실행하기 위한 계획을 세운다. 어떤 과목 시간에 특수학급에서 수업할지 등을 결정하며, 치료 및 특수교육적 지원 여부를 파악한다. 또 이에 대한 평가를 어떠한 방법으로 할 것인지도 개별화교육지원팀 협의록에 모두 담아낸다.

평가는 개별화교육계획IEP에 대한 평가와 함께 통합학급에서의 평가 방법도 포함하여 기록한다. 특수교사는 이를 바탕으로 개별화교육계획IEP을 작성한다. 개별화교육지원팀 협의가 모두 끝나면 결정된 내용에 대한 협의록을 작성하여 내부 결재를 받는다.

| 개별화교육지원팀 협의 사항 |

① 전년도 개별화교육계획IEP 평가 결과 보고

② 학생의 강점, 흥미, 재능, 교육적 요구 파악

③ 개별화교육계획IEP 작성 교과 선정

④ 교과에 대한 현행 수준 파악

⑤ 교육적 요구 우선순위 결정

⑥ 교육목표, 내용, 방법, 평가계획 결정

⑦ 특수교육 관련 서비스 내용과 방법 결정

⑧ 기타 관련된 사항 논의 후 개별화 작성

협의 시간을 잡는 것도 특수교사의 업무 중 하나다. 개별화
교육지원팀 협의 시 보호자가 학교 방문이 가능한 시간을 조
사한 후 학교 구성원들의 일정을 조율하여 개별화교육지원팀
협의가 실질적으로 이루어질 수 있도록 노력한다.

특수교육대상학생이 많은 학교라면 개별화교육지원팀 협의
자체가 부담스러운 업무일 수 있으므로 특수교사는 최대한 한
날 회의를 진행할 수 있도록 일정을 잡는 것이 좋다. 예를 들어
해당일 15시부터 회의를 한다면 30분 단위로 학부모 방문 약
속을 하여 하루 2~3명 정도는 개별화교육지원팀 협의를 하도
록 하는 것이다.

통합학급 담임교사 메시지 예
"안녕하세요. ○○○를 위한 개별화교육지원팀 회의를 하려고 합니다.
통합학급 담임 선생님의 참석이 꼭 필요한 자리이므로 가능한 시간과
요일을 알고 싶어요. 3월 둘째 주 중 16시경으로 날짜를 알려주시면 감
사하겠습니다. 다른 분들과 일정이 맞지 않으면 불가피하게 수업 시간
조정을 할 수도 있으니 이 점 양해 바랍니다."

학부모 안내 메시지 예
"안녕하세요. 2020학년도 개별화교육지원팀 회의를 하려고 합니다. 학
부모님의 가능한 날짜를 메시지로 보내주시면 일정 참고하도록 하겠습니
다. 날짜는 3월 둘째 주 16시경으로 가능한 날짜를 말씀해주시면 일
정을 잡아보도록 하겠습니다."

만약 보호자가 개별화교육지원팀 참석이 어렵다면 서면으로 이를 대신할 수 있다. 그리고 흔한 경우는 아니지만 학생이나 학부모의 요구 또는 특수교사의 판단으로 교육목표와 그 밖의 지원 서비스의 수정이 요구될 때 특수교사는 개별화교육지원팀을 구성하여 관련 내용을 수정할 수 있다.

| 개별화교육지원팀 회의 실시 절차 |

① 3월 1주는 개별화교육지원팀 조직을 위한 준비 및 학생에 대한 정보를 수집

② 3월 2주는 개별화교육지원팀 구성 내부 결재를 맡고 개별화교육지원팀 회의를 위한 특수교육대상학생에 대한 정보를 수집하고 회의 준비

③ 3월 3~4주부터는 학부모 참석 가능 날짜를 확인하여 통합학급 담당 선생님과 가능한 날짜와 시간을 협의한다. 개별화교육지원팀 회의를 학생별로 실시하고 회의록과 개별화교육계획IEP을 작성 후 30일 이내 결재를 맡는다.

20○○학년도 개별화교육지원팀 협의록

1. 학생 인적 사항

학생명		학년 반		성별	

2. 개별화교육지원팀의 구성원

보호자 (학부모)	위원				위원장
	학년부장	통합학급 담임교사	특수학급 담임교사	보건교사	교감

3. 개별화교육지원팀 협의 내용

일시	협의 결과 내용

3/16
16:20
	• **학부모의 교육적 요구사항 및 반영한 내용**
	  - 학생들과 적극적인 의사소통과 자기표현을 하고 일상생활 능력이 향상되길 희망함
	  - 친한 친구가 한 명이라도 생겨 함께 여가활동을 할 수 있으면 좋겠음
	• **특수학급 담임**
	  - 특수학급에서의 학생의 생활 및 현재의 학습수준 안내
	  - 학생의 현재 학습수준을 반영한 장기목표 수립
	  - 수학은 생활에서 활용할 수 있는 부분에 초점을 두어 수업을 할 예정이며 국어 교과는 의사소통 능력을 기르기 위하여 상황과 상대방에 맞는 대화법이나 자신의 생각을 표현하는 것을 중점적으로 지도. 1학년 때 어플을 활용한 수업을 매우 적극적으로 참여하는 것을 고려하여 2학년에도 지속적으로 지도
	• **통합학급 담임**
	  - 생활 및 교과시간 모둠활동을 어떻게 수행하는지에 대한 설명
	  - 쉬는 시간 및 점심시간 등의 친구 관계를 포함하여 학교 전반적인 생활 안내
	  - 체육 교과 시간을 포함해서 수업 참여에 매우 적극적으로 임함
	  - 반 친구들과 자연스럽게 대화할 수 있는 시간들을 마련하겠음
	• **학부모의 교육적 요구와 현재 수준을 기초로 각 교과 및 관련 서비스 1학기 목표**
	  - 2020학년도 1학기 개별화교육계획 의견서 현재 수준 및 장기목표 참조 → **전 팀원 동의함**
	• **개별화교육 평가계획 및 방법**
	  - 매 월말 교육목표 설정에 따른 과목별 성취도 평가(체크리스트)를 실시하고 그 결과를 다음 월 교육목표 수립 시 반영하기로 함
	  - 매 학기말 교육목표 설정에 따른 과목별 서술평가를 실시하고 그 결과를 보호자에게 통보하기로 의결함 → **전 팀원 동의함**
	• **통합학급에서의 평가**
	  - 당해 학교 학업성적관리위원회 규정에 따름 → **전 팀원 동의함**
	• **기타 협의 사항**
	  - 학생의 희망에 따른 통합학급 수업시수 조정이 필요한 경우 추후 개별화교육지원팀 협의를 통하여 조정하기로 함

중점 지도 내용	상황과 상대방에 따른 올바른 대화법 지도

○○중학교

개별화교육지원팀 협의록(예)

효과적인 개별화교육계획(IEP)을
위한 조건

형식적으로만 작성한 계획에 그치지 않고 교실 속에서 개별화교육계획IEP을 제대로 실천하는 방안이 있을까요?

개별화교육계획IEP에서 수립된 장단기 목표를 두고 교육과정에서 이를 어떻게 다루어야 할지 고민해야 한다. 개별화교육계획IEP 시 특수학급 교육과정을 기반으로 학생의 장단기 목표와 부합하도록 교육과정을 재구성하는 형태로 접근해야 한다.

개별화교육계획IEP의 장단기 목표가 교육과정 재구성하는데 기본이 되는 기초선이라 생각하여 아이들 수준을 고려하여 성취기준 분석을 한다. 이렇게 하면 개별화교육계획IEP과 교육과정은 별개의 요소가 아니라 자연스럽게 연계하여 지도할 수 있게 되는 것이다.

교과 교육과정을 만들 때 아이들의 현행 수준과 장단기 목표를 고려하여 이끌어내고자 하는 역량을 찾고, 성취기준을 분석하여 이에 대한 지도 내용을 구성해야 한다. 교육과정 재구성의 시작은 교육적 요구에서 비롯되기 때문에 개별화교육계획IEP과 연계한 교육과정이 구성되고, 이는 자연스럽게 맞춤형 수업으로 이어진다.

치료 지원 등 특수교육 관련 서비스가 필요한 경우는 지원 사항을 개별화교육계획IEP에 포함시켜 작성하고 개별화교육계획IEP 수립 시에도 특수교육대상자의 문제행동(=도전행동) 지원 등을 반드시 포함하여 작성한다. 또 매 학기 개별화교육계획IEP에 따른 특수교육대상자의 학업성취도 평가를 실시하고 그 결과를 특수교육대상자 또는 보호자에게 통보하여야 한다.

| 특수교육대상자 선정 및 개별화교육계획(IEP) 수립 절차 |

① 의뢰: 교육장/교육감 접수

② 진단평가: 특수교육센터 30일 내 진단평가 실시

③ 선정: 특수교육대상자 선정

④ 배치: 일반학급, 특수학급, 특수학교

⑤ 개별화교육계획IEP 작성

⑥ 개별화교육계획IEP 실행

⑦ 평가 및 검토

이와 같은 절차를 통해 개별화교육계획IEP을 수립하고 실천하려고 해도 현장에는 여러 방해요소가 있다. 개별화교육계획IEP이 결재를 위한 형식적인 문서 작성에만 그치기도 하고, 교사가 세밀하게 작성해도 교육현장에서 적용하기가 쉽지 않다. 여전히 교과중심 계획이 많고, 학생의 성장을 지원하는 교육활동은 부족하다.

이러한 문제를 해결하기 위해서는 개별화교육계획IEP 필요성을 학교 구성원이 함께 인식하는 것이 급선무다. 가정과의 연계성을 높여 보다 다각적인 교육계획을 수립하고 지원해야 한다. 개별화교육계획IEP은 교과 영역의 틀을 넘어 행동적 특성에서부터 전인적 성장 영역까지 그 범위를 넓혀 포괄적인 지원이 되도록 계획을 세우고 수립해야 한다.

이렇게 작성한 개별화교육계획IEP은 수시로 들춰 봐야 한다. 또 수업을 하면서도 학생의 현행 수준과 목표를 상기하며 교육과정을 재구성하여 수업의 방향과 목표를 끊임없이 조정해가야 한다. 이렇게 하기 위해서는 가르치는 내용이 교사 머릿속에 그려져 있어야 하고 이것을 기반으로 특수학급 교육과정이 만들어져야 한다.

특수학급 교육과정을 처음부터 특수교사 혼자 만드는 것은 쉬운 일이 아니기에 연구회 등을 통한 공동 연구가 필요하다. 교과별 교육과정을 개별화교육계획IEP과 연계하여 수업 방향을 잡아나가야 한다. 항해할 때 끊임없이 조타를 하듯 앞으로 나가야 할 방향(개별 학생 목표)을 보고 끊임없이 수정하고 조정하며 목표를 향해 나아가는 것이다. 그러기 위해서는 개별화교육계획IEP과 교육과정을 끊임없이 살펴보며 이에 대한 문해력을 갖추어야 한다.

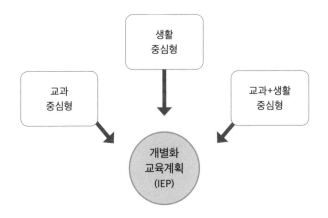

개별화교육계획(IEP) 작성 형태

개별화교육계획(IEP)과
특수학급 교육과정

개별화교육계획IEP을 교육과정과 어떻게 연계할지 막막합니다. 특수
학급 교육과정 안에서 개별화교육계획IEP을 잘 풀어내는 요령이 있
을까요?

교육과정은 학생을 둘러싼 가르침의 방향이다. 우리나라는
국가수준교육과정을 제시하고 있다. 거기에 덧붙여 개별화교육
계획IEP을 수립하여 학생을 지도하도록 되어 있다. 그런데 교육
과정을 강조하는 지금의 교육현장 분위기에서 교육과정과 개
별화교육계획IEP의 관계를 어떻게 정리해야 되는지 갑론을박
의견이 분분하다. 겉으로 드러나지 않았던 교육과정과 개별화

교육계획IEP의 불편한(?) 관계가 표면화된 것이다.

간혹 "교육과정보다 개별화교육계획IEP이 먼저"라고 말하는 분들이 있는데, 이는 교육과정을 교과에 한정하여 생각하기 때문이다. 우리는 교육과정을 교과중심에서 벗어나 학생의 전반적인 발달을 위한 더 큰 시각으로 봐야 한다.

교육과정은 학교에서 이루어지는 모든 활동의 방향이므로 교육과정과 개별화교육계획IEP은 누가 먼저냐가 중요한 것이 아니라 함께 이루어져야 하는 것이다. 즉 교육과정과 개별화교육계획IEP은 절차적 순서나 위계적 관계가 아닌 서로를 지원하는 수단으로 바라봐야 한다.

특수학급 교육과정을 학생, 학부모, 학교와 지역적 특성에 맞게 만들어 운영하며, 거기에 비추어 개별화교육계획IEP이 세부적으로 녹아들어가게 접근하는 것이 적합하다.

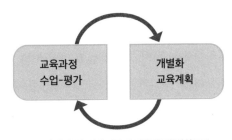

교육과정-수업-평가(기록)과 개별화교육계획(IEP)

개별화교육계획(IEP)
기록하고 평가하기

개별화교육계획IEP 평가와 기록 방법에 대해 알고 싶어요.

개별화교육계획IEP 기록은 나이스에 직접 입력하거나 문서로 작성할 수 있다. 교육과정-수업-평가의 일체화를 위해서 교육과정에 기반한 개별화교육계획IEP 수립이 필요하며 이에 따른 교사의 전문성 또한 지속적으로 향상되어야 한다.

개별화교육계획IEP 평가는 실제 학생이 활동했던 내용 중심의 서술이 필요하다. 단순 교과서 내용에서 벗어나 체험학습과 연계했던 다양한 수업활동(스마트교육, 진로교육, 직업교육, 경제교육, 교과교육, 성교육) 등의 내용을 담아 서술하는 것이 좋다. 누가 봐도 교실 속 수업활동이 머릿속에 그려지도록 말이다. 일종의 학생 성장 스토리를 작성한다고 보면 된다. 형식적이고 추상적인 내용이 아니라 아이의 이야기가 담긴 평가가 되어야 할 것이다. 평가에 대하여 협의된 내용은 개별화교육지원팀 협의록에 기록한다.

특수교사에게 생활기록부 나이스 권한을 주어 직접 작성하라는 경우도 있는데 이는 적절치 못하다. 생활기록부 작성 권한과 모든 책임은 통합학급 담임교사 및 교과 담당교사에게 있다. 생활기록부는 법적 장부로서 고유 권한이 부여된 교사만 작성하는 것이 원칙이다. 물론 내부적으로 나이스 권한을 추가 결재하여 작성 권한을 줄 수도 있지만 특수학급 학생에게만 선별적 권한 부여가 안 되기 때문에 같은 반 다른 학생의 내용을 조회하거나 기록할 가능성에 노출되니 조심스럽게 판단해야 한다.

개별화교육계획IEP의 평가는 학생의 실제적인 활동위주로 작성해야 한다. 예를 들어 수학의 경우 사칙연산의 내용적 평가(기록)가 아니라 어떤 활동을 통해 수학적 학습이 이루어졌는지가 구체적으로 나타나게 평가(기록)해야 한다. 이렇게 평가가 완료되면 내부 결재를 득하고 평가 내용을 보호자에게 통보한다.

개별화교육계획IEP의 실효성에 의문을 갖는 이들이 많다. 물론 나도 그런 생각을 한 적이 있다. 개별화교육계획IEP이 실제 학생 지도와 연계가 잘 이루어지지 않았기 때문이다. 개별화교육계획IEP 수립부터 평가까지 의무감에 작성하는 경우가 꽤 많았다. 이런 일이 만연하게 되는 것은 개별화교육계획IEP을 법적 문서로만 인식하여 꼭 해야 한다는 의무감이 앞서 학생의 개별적 특성과 능력 향상을 위한 방법으로서의 본질이 퇴색되었기 때문이다.

그렇다면 어떻게 해야 개별화교육계획IEP의 본질에 맞게 작성할 수 있을까? 실제 개별화교육계획IEP의 성패는 이를 작성하고 운영, 평가하는 선생님의 태도와 아이 성장을 바라보는 시선(=성장 목표)에 달려 있다.

이 글을 읽는 선생님들이 교사가 되겠다는 목표를 위해 달려왔듯 학생 하나하나의 개별적 목표와 성장을 위해 함께 손을 잡고 그려나갈 때 개별화교육계획IEP은 우리 아이들의 성장을 위한 밑거름이 될 것이다.

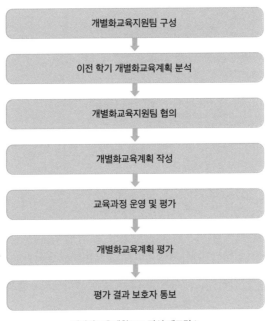

개별화교육계획(IEP) 작성 매트릭스

학급운영 매뉴얼

좌충우돌 신나는
학급운영 이야기

특수학급 아이들과 재미있는 학급운영 프로그램을 만들고 싶은데, 우리 학급에 적용할 만한 좋은 사례나 노하우가 있다면 알려주세요.

처음 학교에 발령받으면 무엇을 어디서부터 어떻게 해야 할지 막막하다. 행정업무, 학생 파악, 학교 업무 처리, 학부모 간담회, 학부모 연수, 교직원 연수, 가정통신문 발송까지 뭐 이렇게 하라는 것이 많은지 특수교사에게 3월은 정말 잔인하게 바삐 지나간다. 이것은 신규교사나 경력교사나 마찬가지다.

학급운영과 관련한 고민은 이듬해 예산을 편성하는 12월부터 시작된다. 다음 해 2월까지는 교육계획이 세워져야 한다.

그러나 현실적으로 신규교사나 전입 교사가 그렇게 하기는 어렵다. 그렇다고 자포자기할 필요는 없다. 특수교육 교육과정 계획을 빠르게 수립하여 3월에 결재를 올리고, 이후 변동사항이 생기면 추가, 수정해서 다시 결재를 받아 학급 교육과정을 운영하면 된다.

특수학급은 각 시도교육지원청 지침으로 보장되는 충분한 예산이 있고, 교육과정 운영의 자율성이 어느 정도 확보되어 있기 때문에 나만의 색깔로 학급운영을 할 수 있는 천혜의 조건을 가지고 있다.

그러나 자율성을 기반으로 한 학급운영에 걸림돌이 아주 없는 것은 아니다. 특수학급을 지원해줄 교장·교감을 만나야 하는데 그러지 못한 경우다. 사실 가장 큰 걸림돌은 특수교사 자신이다.

특수학급에 잘 적응되고 최적화된 상태가 계속 이어지면 오히려 매너리즘에 빠질 수 있다. 경력이 쌓이고 교장·교감들의 관심(?)이 없다면 기존에 해왔던 수업과 업무 방식을 반복하게 되고, 변화의 바람에 무뎌져 배움과 발전의 필요성을 못 느끼게 된다. 보통 특수학급 3년 차 이상이 되어 특수학급에 잘 적응했을 때 나타나는 증상(?)이다.

자유로운 문화에 적응되어 특수학급 근무만 선호하게 되기도 한다. 특수학교에서는 활동(특수학교 내 과정별 교육과정)과 예산 사용 범위가 정해져 있고 개별화교육계획IEP 작성에 대한 자율성도 줄어든다. 그러다 보니 다시 좀더 자유로운(?) 특수학급으로 가고 싶어하기도 한다. 주도적으로 운영했던 특수학급과 달리 누군가가 정해준 학사일정과 시간표에 따라 수동적으로 움직여야 하는 특수학교의 여건에 답답함을 느끼는 것이다.

다채로운 학급운영을 해볼 수 있는 것은 특수교사에게는 큰 행운이다. 이러한 행운을 누릴 수 있을 때 놓치지 말고 아이들과 함께 추억에 남는 특수학급 이야기를 만들어보도록 하자.

의무적인 것만 형식적으로 수업하는 특수학급이 아니라 나만의 특수학급 스토리를 아이들과 함께 만들어보자. 이왕이면 제목도 붙여보자. 그러면 하나의 프로젝트가 된다. 우리 반 프로젝트를 학부모에게는 물론 학급 교육과정 계획서나 학교 홈페이지 등 여러 가지 방법으로 알려보자.

밴드나 클래스팅 등으로 학부모와 소통하고, 클래스123과 같은 학급운영 프로그램을 활용해 아이들 생활지도와 수업 등에서 긍정적 상호작용이 일어나도록 활기찬 진행을 시도해보면서 나만의, 우리만의 이야기를 만들어보자.

클래스123 화면

학급운영의 가장 큰 부분을 학교폭력 예방이 차지한 지도 꽤 오래되었다. 선생님과 학부모의 시름과 걱정이 끊이지 않지만 사실 학교에서의 모든 활동이 학교폭력 예방교육이 될 수 있다.

대부분의 선생님은 출근하면 컴퓨터의 전원 버튼부터 누르는데, 컴퓨터 대신 교실로 들어오는 아이들을 먼저 반갑게 맞이해주자. 아이들이 등교할 때 교실맞이를 통해 학교 밖에서 어떤 일이 있었는지 아침 인사와 함께 물어보며 시작하자. 학생을 기쁨으로 맞이해주면 자연스럽게 학교폭력 예방의 시작 버튼이 켜진다.

학년 초 특수학급 친구들과 학급 비전 및 실천 약속을 만들어 함께 지켜나가는 것도 좋은 방법이다. 규칙이 아니라 우리가 지켜야 할 약속을 민주적으로 만들고 함께 지켜갈 때 학급 구성원의 책무성은 높아지게 된다. 이때 교사의 개입은 가능한 최소화하는 것이 좋다. 학기 중에도 수시로 실천 약속을 보완 수정할 수 있도록 정기적으로 학급 회의를 한다.

친구 사랑 주간을 정해 일반학급 아이들을 특수학급에 초청하는 작은 행사를 여는 것도 하나의 방법이다. 일반학급 아이들은 학교에 특수학급이 있어도 어떤 곳인지 잘 모르는 경우가 많다. 특수학급을 오픈하고 아이들을 초대하여 같이 맛있는 간식을 먹기도 하는 등 자주 왕래하고 지낼 수 있도록 한다.

특수교사가 일반학급 학생들과 유대관계를 맺고 친하게 지내는 것도 도움이 된다. 교사의 손길이 미치지 못하는 곳의 이야기를 들을 수 있다. 그리고 지나치다 싶게 통합교실에 자주 방문하여 특수학급 학생들이 교실에서 불편함은 없는지 지속적으로 살펴야 한다.

내가 고등학교에 근무할 때는 특수학급 단독 1박 2일 숙박형 체험학습을 추진했다. 국어 교과와 연계한 프로그램으로 제목은 '경기도 가평에서 누리는 문학과 역사 체험'이었다. 작가 생가 방문을 통한 문학 체험, 폐철도의 레일바이크를 달리기, 지역 맛집 기행 등 즐거운 추억을 잔뜩 만들었다.

중학교에서는 '오픈 클래스룸'이라는 프로젝트를 만들어 특수학급에 친구들을 정기적으로 초청했다. 학생뿐만 아니라 담임 선생님과 교장·교감 선생님도 함께 참여하는 놀이를 진행했던 것이 특별한 기억으로 남았다.

반 단합대회도 재미있는 교육과정 운영의 예이다. 중학교에 근무할 때였는데 하교 후 아이들과 삼겹살 파티와 체육활동, 레크레이션 등으로 특수학급 단합대회를 열곤 했다. 이 행사는 전교의 모든 학급으로 확대되어 전 학년이 맛있는 저녁을 먹고 체육관에서 체육활동과 게임을 하고, 시청각실에서 함께 심야영화를 관람하는 등 학교 내에서 반별 다채로운 교육활동을 펼치며 나날이 발전하였다. 아이들이 주도하고 만들어가는 학생자치 활동이 된 것이다.

이러한 자연스러운 과정에서 통합교육이 이루어진다. 통합교육의 날이라고 특정한 시간에만 진행하고 끝낼 것이 아니라 학급 교육과정 내에서 학교 일정에 따라 자유롭게 이루어질 수 있도록 분위기를 만드는 것이다. 쉬는 시간, 점심시간, 방과후 등을 활용하면 더욱 재미있게 특수학급 이야기를 풀어나갈 수 있다.

'학습 도움반'
이름을 바꿔주세요

> 도움반이라는 이름을 바꾸고 싶은데 어떻게 하면 될까요? 도움반이라는 이름 대신 모두가 공감하는 다른 이름을 부르게 하고 싶어요.

이름이라는 것은 참으로 중요하다. 사람의 이름, 학교명, 회사명, 각종 사업명 등 이름은 그 대상의 첫인상이자 얼굴이 되는 매우 중요한 요소이다. 하지만 특수학급 학생들은 수십 년 동안 '학습 도움반'이라는 이름으로 불렸다. 특수학급 초기에 학습적 도움이 필요한 아이들을 모아서 가르쳤다고 해서 불린 명칭이 지금까지도 그대로 사용되고 있으며, 줄여서 '도움반 애들'이라고 말하는 학교도 있다.

그래도 많은 학교들이 학습 도움반이라는 이름을 고쳐 부르려고 노력 중이다. 초등학교의 경우는 무지개반, 사랑반, 새꿈반, 나래반, 통합반 등으로, 중고등학교는 청운반, 한솔반, 함께반, 한울반 등으로 명칭을 바꾸어 사용하고 있다. 또 일부 고등학교 특수학급에서는 통합교육지원실, 전환교육지원실이라는 표현을 사용하기도 한다.

나는 중학교에 근무할 때 학습 도움반이라는 명칭을 바꾸자고 교장 선생님께 건의하고 교직원 회의 시간에 이 문제를 공론화하여 이름 공모를 시작하였다. 공모 대상은 교육공동체 모두였으며 선정된 이름에 대해서는 소정의 상품도 준비하였다. 공모 과정 후 어렵게 결정된 이름은 '한마루반'이었다. 한마루란 '다 같이 모여 함께 어울리는 곳'이라는 뜻이다.

아직도 우리 아이들은 도움이 필요한 아이로 여겨지고 있다. 이 아이들이 늘 도움이 필요한 사람이 아니라 사회의 구성원으로서 그 역할을 다하는 사람으로 가르치는 것이 우리들의 몫인 만큼 이 아이들의 호칭도 우리가 함께 고민해봐야 한다.

무엇인가를 새롭게 바꾼다는 것은 참으로 쉽지 않은 일이다. 아무도 요구하지 않고 관심조차 없을 수도 있는 상황에서 굳이 하지 않아도 될 일을 나서서 해야 하나 하는 생각이 들 수도 있다. 하지만 교사는 내 수업 시간만 채우면 되는 자리가 아니다. 한 아이의 일생을 책임지는 역할을 감당하는 사람의 자리이며, 학교의 변화를 이끌어가는 사람의 자리이다.

익숙한 옛것에서 벗어나 우리 아이들을 중심에 두고 새로운 변화의 주역이 되는 우리가 되어야 할 것이다. 이런 작은 움직임이 학교에서 특수교사의 역할과 관계 형성에 긍정적 영향을 준다. 자꾸 학교를 향해 자신의 목소리를 낼 때 특수교육을 바라보는 일반교사의 시선도 달라지는 것을 볼 수 있을 것이다.

함께 만드는
실천 약속

．

．

> 근무하는 학교가 혁신학교인데 혁신학교 틀 안에서 특수학급 아이들
> 과 함께할 수 있는 활동에는 무엇이 있을까요? 일반학급에서 하는
> 학급 비전 수립 같은 것도 우리가 할 수 있을까요?

　　민주적 학교문화를 정착시키기 위해서는 교직원부터 학급
의 아이들까지 스스로 선택하고 결정할 수 있는 권한이 부여되
고 존중받아야 한다. 혁신학교는 학교의 방향성을 끊임없이 고
민하고 모두가 주인이 되는 학교를 새롭게 세워나간다. 학교의
비전과 교육목표를 토대로 학급에서 학급 비전과 학급에 관한
실천 약속을 학생과 함께 만든다.

특수학급도 예외는 아니다. 필자도 우리 아이들과 함께 학급 비전 세우기를 했다. 새 학년 첫 시간 특수학급 학생들과 "학교 하면 떠오르는 것은 무엇인가요?"라는 질문으로 아이들이 생각하는 학교 이야기와 가치를 칠판에 자유롭게 적었다. 그리고 그중에 비슷한 것끼리 모으고 우선순위를 함께 매겨보았다.

'방학, 친구, 한마루반(특수학급 이름), 교과서, 수다, 지식, 체육, 책, 공부, 교실, 운동장, 배우는 곳'

위와 같이 열거된 단어들을 가지고 아래와 같은 비전을 세웠다. 물론 우리 아이들과 함께 말이다. 아이들이 열거한 단어를 토대로 만든 특수학급 비전과 철학은 다음과 같다.

'따뜻한 마음과 참된 배움으로 소통하는 Talk!똑한 한마루반!'

학년 초에 실천 약속도 함께 만드는 것도 좋다. 예전에는 교사가 규칙을 일방적으로 정하고 교사의 지도 관리 중심으로 학급 규칙을 만드는 경우가 많았는데 이제는 학생은 물론 교사, 학부모 모두가 함께 만든다.

내가 근무했던 혁신학교에서는 학생과 교사, 학부모가 실천 약속을 함께 만들어 교실 복도와 홈베이스(교과교실제 학생들 메인 사물함)와 같이 많은 사람들이 볼 수 있는 공간에 게시하여 공유하도록 하였다. 교실 내 작은 실천 약속도 담임 선생님과 학생이 함께 만드는 것도 좋은 방법이다. 아래 사진은 혁신부장으로 근무할 때 학부모, 학생과 함께 만들었던 실천 약속이다.

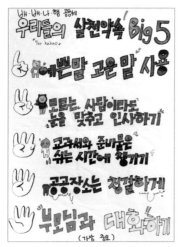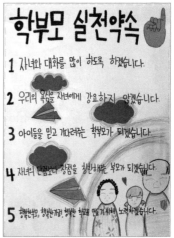

함께 만든 실천 약속

민주적 학교문화와 학급문화를 만들기 위해 아이들에게 자율성과 유능감을 일깨워주도록 하자. 지향하는 비전에 대해 함께 생각하고 서로를 위해 지켜야 할 약속을 함께 만들며 스스로 실천하는 자율성을 바탕으로 성장할 수 있는 학교문화 조성을 우리도 특수학급에서 실천해보자.

'여럿이 함께 가면 길은 뒤에 생겨난다.'
여럿이 함께 가야 할 목표는 이렇게 생겨난 길 위에 있다는 말을 하고 싶었습니다. 우리의 목표는 함께 걸어가는 길 위에서 찾아야 합니다.

- 신영복

학부모 간담회
진행하기

눈코 뜰 새 없이 바쁜 3월, 학부모 간담회까지 하려니 막막합니다. 학부모뿐만 아니라 간담회에 참석하는 교장 선생님과 통합학급 선생님 모두에게 특수학급 교육활동을 제대로 안내하는 멋진 학부모 간담회를 만들고 싶어요. 어떻게 해야 할까요?

새 학년이 시작되면 개별화교육지원팀을 2주 안에 구성하고 30일 이내에 개별화교육계획IEP을 수립하여야 한다. 이 과정을 진행하기 위해서는 학부모 간담회가 필수다. 특수학급의 시작은 학부모 간담회(특수학급 교육과정 설명회)에서부터 시작된다고 해도 과언이 아니다.

학부모 간담회에서 학급 교육과정을 안내하고 이후 학부모와 개별 상담을 한다. 이때 학생과 관련한 개별화교육지원팀이 모두 참석하는 것이 좋다. 교장 선생님, 통합학급 담임, 의료적 지원이 필요한 학생이라면 보건 선생님도 함께 참석하여 특수학급 운영과 관련해 전반적인 이야기를 나눈다. 학급 교육과정에 대한 추가적인 의견을 학부모에게서 듣고 반영할 수 있는 부분은 반영하여 학습자 중심의 학급운영이 될 수 있도록 한다.

학부모에게 날짜를 확인하여 가장 많이 참석할 수 있는 날로 날짜를 정한다. 그리고 통합학급 담임교사에게 참석 안내를 한다. 학부모 간담회 때 간담회 형식에 맞게 약간의 다과와 안내를 위한 프레젠테이션 자료를 제작해놓으면 좋다. 가능하다면 전년도 교육활동 동영상 등을 제작해서 보여주면 특수학급의 한해살이를 한눈에 안내할 수 있다. 간담회 진행이나 내용은 특별히 정해진 형식은 없다. 다음은 내가 진행했던 학부모 간담회 순서이다.

① 전년도 특수학급 한해살이 영상 제작(사전 작업)

학생들과 함께했던 교육활동은 사진이나 영상으로 촬영한다. 물론 이와 관련한 개인정보 동의서도 미리 받아놓는다. 학교 자체적으로 교육정보부에서 홈페이지 업로드를 위한 교육활동 사진과 영상에 관한 공개 여부 동의서를 받고는 있지만, 특수학급 내에서도 따로 동의서를 받아 보관하는 것이 좋다.

처음에는 포털 사이트 인터넷 카페(비공개)에 '○○고등학교 소중한 친구들'이라는 카페를 만들어 모든 활동사진을 올렸다. 축제, 학교 체육대회, 특수학급 연합 체육대회, 연합 캠핑 중 장기자랑, 각종 공연 자료는 물론 수업 시간 활동까지 모든 자료를 카페에 업로드하여 공유하였다. 인터넷 카페 외에도 밴드, 카카오톡, 클래스팅 등 다양한 방법을 활용할 수 있다. 나는 인터넷 카페를 이용하다 밴드를 활용하여 실시간으로 교육활동을 학부모들과 공유했다.

이렇게 모아진 1년간의 한해살이 사진과 영상을 편집해 교장·교감, 학부모, 통합학급 교사, 특수교육 관련자 모두가 함께 시청하는 시간을 가졌다. 이것은 학부모에게 학급활동에 대한 안내뿐만 아니라 통합학급 교사나 교장·교감에게 특수학급 교육활동에 대해 마음껏 알릴 수 있는 절호의 기회이다. 제작한 영상을 학부모 동의하에 학교 전 교직원에게 공유하기도 한다.

영상 제작에 대해 너무 부담을 가질 필요는 없다. 다양한 영상 제작 애플리케이션들이 많기 때문이다. 이런 애플리케이션을 활용하면 아주 손쉽게 영상을 만들어낼 수 있으니 너무 염려할 필요는 없다. 나는 'Quik'이라는 애플리케이션을 주로 활용하여 제작한다. 특별한 영상 제작 툴이 없어도 누구나 쉽게 템플릿을 활용하여 멋진 영상을 마술처럼 만들어낼 수 있다.

② 학교장 인사말

보통 학부모와 통합학급 교사 및 관련 교사들이 모두 참석을 하면 그때 교장·교감 선생님께 연락해 간담회에 참석하도록 한다. 그러나 학교장은 특권 계층이 아니다. 학부모와 동등한 입장에서 학부모들이 방문할 때 간담회 장소에서 먼저 맞이하는 것이 진정한 책임자의 모습이다. 최소한 간담회 장소(보통 특수학급 교실)에서 먼저 기다려주는 것이 스스로가 존중받고 참석자를 존중하는 배려인 것이다.

학교장이 학교의 리더로서 섬김의 팔로우십을 보여줄 때 학교의 민주성은 더욱 높아지고 자율성의 폭이 넓어져 학생을 위한 다양한 교육활동이 가능해진다. 권위는 내가 만드는 것이 아니라 주변에서 만들어주는 것임을 잊지 말아야 하겠다.

다시 본론으로 돌아와 구성원이 모두 모였다면 특수교사의 진행으로 학교장 인사말부터 시작해 차례대로 인사를 하고 자신을 소개하는 자리를 갖도록 한다. 할 수 있다면 분위기를 부드럽게 만들기 위한 아이스브레이킹icebreaking*도 진행한다.

* 모임이나 강의 전 딱딱한 분위기를 부드럽게 만들어주는 일련의 활동

③ 특수학급 교육과정 설명 및 안내

특수학급에서 운영하고자 하는 교과활동, 현장체험학습, 동아리활동, 통합교육활동 계획 등을 안내하고 마지막으로는 개별화교육계획IEP 수립을 위한 개별화지원팀 모임 일정을 잡는다.

유인물을 나누어주고 설명하는 경우도 있지만, 프레젠테이션과 함께하면 좀더 편하게 학부모 간담회를 진행할 수 있다. 조금은 수고스럽겠지만 통합학급 적응 기간에 짬짬이 시간을 내어 자료를 만드는 것을 권장한다. 물론 프레젠테이션 제작이 필수는 아니다. 본인이 가장 편안하고 잘 전달할 수 있는 방법을 사용하는 것이 최고의 방법이기 때문이다.

④ 질의응답

학급운영에 대한 모든 안내가 끝났다면 자연스럽게 학부모 또는 같이 참석한 교사나 관련 지원가들에게 질문을 받으며 서로 궁금했던 부분 그리고 덧붙이거나 추가로 건의하고 싶은 내용에 대해 자유롭게 이야기하도록 한다.

⑤ 통합학급 담임과 학부모 상담

질의응답이 모두 마무리되고 특수학급이 2학급 이상이라면 특수학급 담임 중심으로 학부모와 통합학급 교사가 함께 자유롭게 학생을 위한 상담을 실시한다. 이때 개별화교육지원팀 협의를 위한 정보를 나누는 시간을 가져도 좋다. 학생이 많지 않다면 이 시간을 개별화교육지원팀 협의 시간으로 바로 진행해도 된다.

⑥ 학생 개별 상담

학부모 간담회 전 학생들에 대한 상담과 특성 파악은 필수이다. 학부모 간담회는 학교 일정에 따라 조금 차이는 있지만 대부분 학년 초 통합학급 적응 기간에 실시한다. 통합학급 적응 기간이라고 통합학급에만 학생을 두지 말고 수시로 학생들을 찾아가 불편함은 없는지 살피고, 담임과 교과 선생님뿐만 아니라 같은 반 학생들한테 특수학급 학생의 적응상태나 특이점은 없는지 물어보는 것이 좋다.

이렇게 상시 관찰하여 학생의 특성을 이해하고 강점과 약점을 살펴 이 학생에게 어떤 교육적 서비스를 지원해야 하는지 목표와 방향을 생각하고 학부모 간담회를 준비한다. 특수학급 학생에 대한 충분한 정보 없이 학부모와 상담을 해서 학부모가 교사가 아이에 대해 잘 모르고 있다는 생각이 들게 하면 안 되기 때문이다.

학생 상담은 수시로 이루어져야 한다. 상담이라고 특정 시간을 할애하기보다는 쉬는 시간, 점심시간, 모든 교육활동 시간을 자유롭게 활용한다. 아이들의 표정, 외모와 옷차림, 말투, 특정 행동 등 평소와 달리 달라진 점은 없는지, 학교뿐만 아니라 가정에서도 문제나 불편함은 없는지 늘 살피고 관찰해야 한다.

위 방법은 학부모 간담회 운영을 위한 여러 가지 방법 중 하나일 뿐 정답은 아니다. 모든 것은 학교의 상황과 특성에 따라 자율적으로 운영하면 된다.

매일 발행하는
학급신문

> 학부모님들과 상담을 했는데 무슨 말을 해야 할지 모르겠고 낯설고
> 어려웠어요. 학부모 상담을 잘하고 서로 믿음과 신뢰를 가질 수 있는
> 좋은 방법은 없을까요?

신문은 사회에 일어난 사건이나 이슈 등을 사진과 기사를 통하여 전달하는 데 그 목적이 있으며 발간일에 따라 일간신문, 주간신문 등이 있다. 학교 신문은 보통 분기나 학기별 또는 연도별로 1부 정도 발행이 된다. 학교 신문이 자주 발행되지 못하는 이유는 아이들의 일상을 모두 담기에는 학생이나 교사나 각자 할 일이 많기 때문이다.

그런데 매일 발간하는 선생님 신문이 있다면 어떨까? 생각만 해도 끔찍하다. 각종 공문과 행정업무 그리고 아이들이 벌이는 사건 사고 처리와 굵직한 생활지도까지 모든 것이 쉽지 않은 일인데, 거기에 매일 발행하는 신문까지 만들어야 한다니!

하지만 실제 이렇게 학급운영을 한 선생님이 있다. 필자와 같이 근무한 통합학급 담임 선생님이신데 '작은 학교 이야기'라는 학급신문을 통해 학부모, 아이들과 소통하셨다. A4 용지 한 장 정도 분량으로 매일 내는데 특별한 형식이나 틀도 없다. 바쁜 와중에 시간을 내어 아이들의 이야기를 형식에 구애받지 않고 자유롭게 적었다.

신문의 틀을 깨고 아이들의 소소한 일상을 에세이처럼 담은 선생님의 이야기는 학생과 학부모에게 매우 큰 감동을 주었다. 하루도 거르지 않고 선생님이 매일매일 보내는 신문이라 더욱 그랬는지 모른다.

신문을 매일 만든다고 해서 부담을 가질 필요는 없다. 틈틈이 선생님의 전달사항과 학부모에게 안내할 내용을 한 자 한 자 적어 기록한다. 현장체험학습이 있으면 장소와 이동 방법, 비상 연락망과 유의사항 등을 세세하게 적는다. 조회 때나 수업 때 그리고 쉬는 시간이나 점심시간에 아이들과 지내며 있었던 일도 적는다. 예를 들면 상혁이가 핸드폰을 제출하지 않아 속상했다는 이야기, 예린이가 점심시간에 사탕을 주고 가서 기뺐던 이야기, 철민이가 미술 시간 끝나고 남은 재료 등을 본인이 치우겠다고 해서 대견했던 이야기, 다정이가 오늘 반갑게 인사를 해서 기뻤던 이야기 등 아이들 하나하나 그날에 있었던 사소한 일상을 적어서 가정에 보낸다.

매일 오는 신문을 통해 학부모는 우리 아이가 학급에서 어떤 친구들과 함께 지내고 있는지 알게 되고, 내 아이가 선생님에게 관심과 사랑을 받고 있다는 것을 느껴 선생님에 대한 신뢰가 더욱 두터워진다.

이러한 작은 실천은 학부모뿐만 아니라 학생들에게도 선생님의 깊은 사랑을 전하는 소통의 창구가 된다. 아이들은 선생님의 마음을 느끼고 자신이 관심받고 존중받고 있다는 생각을 갖게 된다. 그래서 아이들이 자연스럽게 선생님을 따르고 자발적으로 긍정적 변화가 이루어지는 모습을 볼 수 있었다. 아이들은 매일 종례시간에 학급신문을 기다렸다. 선생님의 이야기를 하루도 빠지지 않고 1년 동안 모아놓은 아이들도 있었다.

매일은 아니더라도 아이들에 대한 사소한 이야기를 신문이나 밴드 또는 문자 등을 활용하여 자주 소통하면 학부모가 든든한 지원자가 될 것이다. 아이들이 가장 좋아하는 선생님 그리고 학부모가 제일 신뢰하는 선생님의 비결은 의외로 간단하다. 바로 진정성이 담긴 작은 마음이다.

알림장으로
학부모와 소통하기

특수학급인데 굳이 알림장 같은 것을 작성할 필요가 있을까요? 그냥 필요할 때마다 학부모에게 문자로 안내하고 중요사항은 통화하면 안 될까요?

특수교육에서는 가정과의 연계지도를 위해 학부모와의 소통이 매우 중요하다. 또 특수교육대상학생들의 특성상 학교 활동이 하교 후에도 가정에서 연계되어 이루어질 수 있도록 안내할 필요가 있다.

예전에 특수학교에 근무할 때 일이다. 옆 반 선생님이 따뜻한 미소와 밝은 대화로 학부모들과 잘 지내는 모습을 보고 감탄하곤 했다. 어떻게 학부모들과 저렇게 잘 지낼 수 있는지 궁금했다. 그 선생님을 쭉 지켜보다 드디어 비밀을 알아냈다. 그분이 원래 친절한 성격이기도 했지만 그렇게 학부모들과 살갑게 지낼 수 있었던 것은 바로 '알림장' 덕분이었다.

당시에는 스마트폰이 없을 때라 오직 알림장으로만 학부모와 소통하던 시절이었다. 선생님마다 차이는 있지만 전달사항을 프린트하여 알림장에 붙이기도 하고, 너무 바쁠 때는 가정통신문만 넣어 보내기도 하고, 짧은 문장으로 간단하게 손으로 적기도 했다. 바쁜 일과와 각종 회의 그리고 업무까지 처리하다 보면 알림장을 작성할 시간이 없는 경우가 태반이었다.

나를 포함해 대부분의 선생님들에게 알림장은 전달사항을 전하는 창구 그 이상도 이하도 아니었다. 하지만 부모님에게 신뢰받고 밝은 미소로 소통하는 선생님에게 알림장은 아이들의 학교 이야기를 들려주는 소통의 장이었다.

옆 반 선생님은 아무리 바빠도 알림장을 하나하나 정성스럽게 손글씨로 작성하고 아이의 감정, 신변처리, 약 복용 시간, 점심 식사 및 모든 교육활동에 대한 이야기를 알림장을 통해 학부모들과 소통을 했다. 처음에는 반응이 없던 학부모들도 점점 교사에 대해 신뢰를 갖고 어느덧 든든한 지원자가 되었다.

교직 생활을 하다 보면 생각지 못한 사고나 학교폭력과 같은 학생과 관련한 문제가 발생할 수 있다. 평소 두터운 신뢰 관계가 있다면 학교에서 발생한 문제에 대해 원만하게 해결할 수 있는 여지가 생긴다.

지금은 예전보다 다양한 매체를 통해 소통할 수 있다. 네이버 밴드, 아이엠스쿨, 클래스팅 등 스마트폰을 활용하면 좀더 손쉽게 학교 안내사항을 안내하고 학부모와 소통할 수 있다. 특수교사는 어떤 교사보다도 학생과 학부모에게 긍정적인 영향을 주도록 노력해야 하며, 학생과 학부모 모두의 협력을 지원하는 플랫폼이 돼야 한다. 스마트폰, 알림장 등 다양한 방법으로 학부모와 소통해보자. 어느덧 학부모가 교육과정 운영의 훌륭한 파트너가 되어 있을 것이다.

인생에서 중요한 것은 삶을 살았다는 것 자체가 아닙니다. 우리의 삶이 다른 이들의 삶에 얼마나 긍정적인 변화를 일으켰느냐가 중요한 것입니다.

– 넬슨 만델라

특수교육대상학생을 위한
학교폭력 및 성폭력 예방교육

> 일반학생뿐만 아니라 특수학급 학생을 위해 학교폭력 및 성폭력 예
> 방교육을 해야 하는데 우리 아이들을 위해 어떠한 방법으로 교육을
> 하면 좋을까요?

학교폭력과 관련한 사항은 아무리 강조해도 지나치지 않다. 학교폭력은 물리적 폭행 외에도 언어적 폭력 그리고 소셜미디어SNS 등에서 이루어지는 집단적 따돌림까지 포함한다. 특수학급에서 근무를 하다 보면 괴롭힘이나 집단 따돌림 등으로 인하여 특수교육대상학생이 학교생활에 적응하는 데 어려움이 발생하는 경우가 종종 생긴다.

특수교사는 특수학급 학생과 수시로 상담하거나 대화를 자주 해서 학교생활에서 발생할 수 있는 상항을 예의 주시해야 한다. 아픈 곳은 없는지, 친구와의 관계에 어려움은 없었는지 늘 물어보고, 얼굴 표정이나 행동에 변화가 생겼는지 잘 파악하여야 한다.

특수교사가 통합학급 교실에 자주 올라가 원적 학급 학생들과 친하게 지내는 것도 하나의 방법이다. 서로 친하게 지내다 보면 통합학급 학생들이 통합학급에서 있었던 우리 아이들의 이야기를 자세히 해주기도 한다. 고등학교에 근무할 때 통합학급 여학생이 우리 학생과 관련한 사항을 말해줘 신속히 대처할 수 있었다. 또 통합학급에 자주 방문해서 특수학급 학생이 선생님에게 지속적으로 관심을 받고 있다는 것을 보여주는 것만으로도 어느 정도 학교폭력 예방 효과가 있다.

학교폭력 예방교육은 학교 차원에서 전체 학생을 대상으로 정기적으로 실시한다. 학교폭력 예방교육에 장애이해교육을 포함시켜 진행하는 것도 좋은 방법이다. 장애이해교육 실시와 관련한 내부 결재에 교육내용을 구체적으로 모두 적는다. 학교에서 하는 교육활동에 대해서는 가능한 문서로(내부 결재) 남겨 놓는 것을 권장한다.

특수학급에 근무할 때 통합학급 4개 반을 대상으로 시청 각실에서 장애이해교육과 학교폭력 예방교육을 실시한 적이 있다. 장애인차별금지법에 대한 이야기를 시작으로 왜 장애인들에게 사회적 보장을 지원하는지에 대해 설명하고, 아이들이 장애인이라는 이유로 겪고 있는 차별 사례를 보여주었다. 이때 학생들의 동기유발을 위해 미디어(영화, 영상 콘텐츠 등)를 활용했다.

나만의 강의안을 한 번 만들어놓으면 대상과 목적에 따라 내용을 조금씩 수정하여 지속적인 교육을 실시할 수 있다. 특수학급 운영비로 장애이해와 관련한 상품(볼펜에 따뜻한 메시지 한 줄) 등을 만들어 지급하는 것도 학생들의 참여를 높이는 데 도움이 된다.

특수학급 학생이 피해자인 경우도 많지만, 오히려 가해자가 되는 경우도 종종 있다. 장애가 있고 특수교육대상자라는 이유로 면죄부를 주는 것보다 지속적인 교육을 통해 미리 예방하는 것이 필요하다. 그래서 수업 시간에 학교폭력 예방교육을 교과 속에 담아 가르치기도 한다. 교육과정 재구성이 바로 그 예이다. 국어, 수학, 사회, 진로와 직업 등 다양한 교과를 통해서 할 수가 있다.

특수학급에서 근무할 때 친구들과의 문제와 다툼을 줄이고 평화로운 학급을 만들기 위해 '으쓱머쓱 칭찬 프로그램'을 실천했었다. 매일 칭찬할 거리를 찾아 서로 이야기하는 프로그램으로 장점을 찾고 긍정적인 관계를 만들어주는 데 매우 도움이 되었다.

특수학급에서 있다 보면 일반학생과 문제가 꼭 발생한다. 이럴 때 했던 활동으로 '회복적 서클'이 있다. 통합학급 담임 선생님께 상황을 설명하고 통합학급 담임과 관련 학생들이 특수학급에 모여서 함께 어떤 부분에서 오해가 생겼는지 그때의 상황과 감정을 이야기했다. 이를 통해 서로를 이해하고 감싸며 회복적 생활교육이 이루어지도록 하였다.

'학교폭력 예방 서약서 활동'은 혁신부장일 때 전교생을 대상으로 실시했던 활동이다. 보통 혁신학교의 경우 새 학년 프로그램으로 2~3일 정도 새 학년 적응 활동을 하는데, 서로를 이해하는 활동과 학급 규칙 세우기 등의 민주적 서클 활동을 실시했다. 이때 반 아이들을 이해하는 활동을 하며 학교의 비전과 학교폭력 예방과 관련된 실천 카드 만들기를 하였다.

'아! 시詩발 프로젝트'는 중학교 근무 때 국어 선생님이 하셨던 아이들의 언어폭력 예방 및 바른말 사용을 위한 교육활동이었다. 비속어나 욕설을 하는 경우 선생님과 함께 아름다운 시를 발표하는 기회를 만들어주었다. 아이들이 시를 쓰며 스스로 바른말을 사용하려고 노력하는 활동인데 이 또한 아이들이 적극 참여하고 긍정적 행동 변화도 생겼다.

이 외에도 정말 다양한 예방활동이 많다. 또래 도우미 활동, 친구사랑 우체통, 학교폭력 예방 UCC, 위클래스에서 운영하는 사과데이 등이 있다.

　학교폭력 예방활동은 아무리 강조해도 지나치지 않음을 기억해야 한다. 학교폭력 예방교육에 정답은 없다. 하지만 해답은 늘 실천하는 자에게 찾을 수 있다.

문제행동(=도전행동)
지도 방법

> 각양각색인 우리 아이들의 돌발행동으로 당황스러운 때가 한두 번
> 이 아니에요. 너무 갑작스러운 일이라 어떻게 대처해야 할지 난감할
> 때가 많아요. 도전행동이나 돌발행동에 현명하게 대처하는 방법이
> 있을까요?

　교육부에서 특수교사에게 필요한 연수 주제에 대해 설문 조
사를 실시한 적이 있었다. 특수학교, 특수학급 공통적으로 높
은 결과가 나온 것이 '문제행동 관리와 중재 방법'이었다. 특수
학교의 41.3%, 특수학급은 28.7%가 문제행동 관리와 중재의
어려움이 있다고 답했다. 교사로서 수업과 교수 방법에 대한

고민보다 학생의 특성에 따른 행동에 대한 생활지도의 어려움이 더 크다는 것을 보여준 결과이다. 이러한 문제를 어떻게 해결해야 할까?

학생의 특성(연령, 장애 정도, 가정 및 학교 환경 등)이 다양하고 교사가 놓인 환경 요인이 다르기 때문에 모두에게 맞는 해법을 찾는 것은 어렵겠지만, 그래도 최선의 길을 찾기 위해 노력할 필요가 있다. 이것이 교육의 정상화이며 행복한 학교를 만들어가기 위한 길이기 때문이다.

아이들은 부족한 관심을 채우려고 문제행동을 하는 경우도 있다. 소외감으로 특별한 행동을 하여 선생님과 친구들에게 자신의 존재를 어필하려는 것이다. 우리는 이러한 학생들이 학교에서 즐거움을 찾도록 도와야 한다. 학생을 애정으로 대하는 것은 기본이지만 학교에서 지켜야 할 부분에 대한 단호함과 엄격함도 필요하다. 아이들을 향한 무한한 사랑만으로는 바르게 성장하는 데 오히려 독이 될 수 있다.

예전에 통합학급에서 수업 시간에 자리에 가만히 있지 못하고 산만한 행동을 보이는 학생이 있었다. 수업 시간에 관심을 받기 위해 지나친 장난 등 문제행동과 과잉행동을 보이고, 친구들의 물건을 만져 관심을 끌려고 하는 아이였다. 아이의 행동에 반 친구들이 반응하자 지속적으로 문제행동을 반복하였다. 결국 친구들과 다툼이 생기고 통합학급 학생들과 원만한 관계가 유지되기 어려운 상황까지 다다랐다.

중증의 학생도 선생님이 나를 어떻게 대하는지, 내가 어떤 행동을 하면 선생님이 어떻게 반응할지 알고 행동한다. 오히려 이러한 것들을 교묘하게 이용하는 경우도 간혹 있다. 이럴수록 아이의 특성을 잘 파악하여 단호하게 대처해야 한다. 또 이럴 때 긍정적행동지원 방안의 하나로 장애학생에게 자신을 향한 관심을 대화나 다른 방법으로 표현할 수 있다는 것을 가르쳐 주어야 한다.

긍정적행동지원은 잘못된 행동을 감소시키고 긍정적 행동의 학습을 통해 학생의 전반적인 성장을 지원하는 것을 의미한다. 교육지원청 단위에서는 긍정적행동지원단을 구성하여 특수교사를 지원하고 있다. 학교뿐만 아니라 가정과 연계된 지도가 필요하며, 협력적 팀 구성(모든 교과 교사, 담임교사, 특수교사, 교직원, 긍정적행동지원단)을 통한 복합적 지원이 이루어져야 한다.

| 긍정적행동지원에 대한 구체적인 지원 방안 |

① 긍정적행동지원 지원 체제 구축

② 긍정적행동지원 사이버 상담실

③ 긍정적행동지원 자원봉사 및 대학생 멘토링

④ 가족 지원 프로그램

⑤ 긍정적행동지원 전문가 양성 과정 운영

통합학급 학생을 위해서는 일방적인 장애이해를 요구하는 것보다 서로 이야기를 통해 관계를 회복할 수 있도록 하는 것이 좋다. 한두 번은 아이들이 장애학생의 행동에 대해 이해를 하지만 지속적으로 반복되면 학습활동에 방해가 되어 역으로 통합학급 아이들이 스트레스를 받는다.

"너희들이 이해해라.", "참아라!"라고 말하는 것으로 아이들의 마음은 쉽게 회복되지 않는다. 그래서 애초에 이러한 일이 발생하지 않도록 특수교사를 중심으로 장애이해교육과 인성교육을 실시해야 한다. 그리고 강의식 전달 교육에서 벗어나 회복적 대화 및 회복적 서클 등의 활동을 통하여 관계 개선에 초점을 두고 함께하는 자리를 상시적으로 만드는 것이 좋다.

마지막으로 아이들 상담 내용도 반드시 교무 수첩이나 나이스 상담 기록에 자세히 작성해놓는 습관을 갖도록 한다. 이는 문제상황 발생 시 선생님을 보호해주는 근거 자료가 된다.

함께 나누는
수업 이야기

수업을 잘하고 싶어요. 수업이 준비가 안 되면 나부터 수업이 재미가 없더라고요. 그래서 수업에 대한 정보도 얻고 다른 선생님들의 수업을 보며 수업 방법을 배우고 싶어요.

소셜미디어SNS나 주변을 둘러보면 정말 훌륭한 선생님들이 참 많다. 그래서 나는 페이스북을 통해 여러 선생님을 만나며 좋은 정보를 얻었다. 이를 보고 '참 훌륭하다'에서 끝나는 것이 아니라 그런 것을 보면 내 것으로 만들 수 있는 유연함과 실천력을 가져야 한다. 행하지 않는다면 아는 것이 아니다.

같이 연구회 활동을 하던 선생님 중에 매일 수업 내용을 복기하는 선생님이 있었다. 수업의 흐름과 아이들의 반응은 물론 수업에 대한 아쉬운 점까지 모두 복기했다. PC나 스마트폰으로 일기를 쓰듯 그날의 수업을 매일 기록하여 자신의 수업을 다른 관점에서 바라보았다. 그리고 이 기록들은 뜻하지 않게 수업 실천 사례 연구대회나 각종 보고서 등에 바로 활용이 되기도 했다.

나는 활동했던 수업을 블로그에 담았다. '수년 동안 아이들과 함께했던 주옥같은 수업을 왜 나만 보아야 할까? 옆 반 선생님 또는 멀리 부산에 있는 선생님에게 내 수업을 마음껏 뽐낼 수 있는 기회가 되지 않을까? 또 누군가에게는 꽤 괜찮은 수업 아이디어나 자료가 될 수 있지 않을까? 아니면 수업에 대해 더 좋은 아이디어나 피드백을 받을 수 있지 않을까?' 이런 생각으로 자료를 올렸다.

블로그에 올린 수업자료들을 다시 보면서 내가 이때 이렇게 수업을 했구나 하며 스스로 수업을 돌아보게 되고, 다음에는

> ### 자기성찰일지(교단일기) 작성
> 매일 하루 수업 내용 및 학교에 있었던 일들을 간단히 기록해본다. 기록은 본인이 손쉽게 할 수 있는 방법으로 한다. 그렇다고 또 다른 일이 되거나 복잡한 것은 피하는 것이 좋다. 쉽게 기록 보관할 수 있는 방법으로 에버노트와 같은 메모 애플리케이션을 추천한다.

수업안을 이렇게 바꿔서 아이들과 해보자 하는 아이디어를 얻기도 한다.

수업 말고도 아이들과 함께했던 활동 등을 자유롭게 기록하고 영상으로 남기다 보면 선생님의 역사와 이야기가 만들어진다. 그 실천 스토리를 통해 변화하고 성장하는 자신을 발견할 것이다. 이런 하나하나의 기록이 언젠가는 다양한 곳에서 활용되고 좋은 정보가 되며 누군가에게는 새로운 도전과 기회가 되기도 한다.

수년 전 스마트교육을 시작했을 때 '일반학생들도 아직 생소한데 특수교육대상학생이 가능할까?'라는 생각에도 과감히 실천했다. 처음 시작할 때의 회의적인 생각과는 달리 아이들은 수업에 적극 참여해주었다. 덕분에 일본에서 있었던 전 세계 애플 교사 모임에서 특수교육학생대상을 위한 소프트웨어 교육 수업 사례로 발표하는 기회도 얻었다.

나는 2015년부터 2017년까지 애플코리아 ADE*로 활동하였다. 애플 ADE 교사로 활동하면서 세계 여러 나라 선생님의 수업 이야기를 들을 기회가 많았다. 매년 애플 ADE 교사들이 모여 자신의 수업 사례를 공유하는 수업 쇼케이스showcase가

---

* Apple Distinguished Educator의 약자로 IT 기업 애플에서 나라별로 ADE 교사를 선발하여 각 나라의 수업 사례와 교육방법 등을 함께 공유하는 모임. 나라별 국내 활동을 하고 1년에 한 번 글로벌 모임을 갖는다.

있다. 3분이라는 시간 동안 자신의 수업 이야기를 여러 나라 선생님들 앞에서 발표하는 것이다. 이때 우리나라 사례 외에 타국의 특수교육 수업 사례도 꽤 많이 발표되었다.

3분이라는 시간 동안 수업의 내용과 의미를 압축하여 전달하는 것이 참 쉽지는 않다. 하지만 이 과정은 타인과 공감하고 나를 성장하게 하는 원동력이 되었다.

그래서 우리 학교에서도 이러한 수업 쇼케이스를 적용해보면 어떨까 하는 생각을 했다. 마침 당시 근무하던 학교에서 혁신부장을 하고 있었기 때문에 혁신학교 운영계획서에 이 사항을 포함시키고, 낯설지만 수업 쇼케이스를 시도해보았다. 처음에는 어떻게 해야 하는지 모르겠다고 다들 하고 싶지 않아 해서 평소 수업에 열정을 가지고 많은 활동을 하시는 몇몇 선생님에게 지속적으로 부탁을 하여 어렵게 승낙을 받아냈다.

그렇게 해서 첫 수업 쇼케이스에 미술과 일본어의 융합교육 사례와 활동중심 수학 수업 사례, 마지막으로 특수학급 현장학습 사례를 발표하였다. 특수학급 사례를 발표한 이유는 특수학급에서 수업과 연계하여 현장체험학습을 어떻게 하는지 보여주고 싶었고, 수업 쇼케이스를 제안한 나부터 솔선수범해야 했기 때문이다.

학기 말 사정회 시간을 줄이고 총 세 팀이 짧은 발표를 한

후 선생님들과 세 팀의 수업에 대해 이야기를 함께하는 시간을 가졌다. 그리고 2학기 때는 선생님들이 망설임 없이 수업 쇼케이스를 자연스럽게 하게 되었다.

수업 쇼케이스 내용은 꼭 수업에만 국한되지 않는다. 학부모 상담 및 소셜미디어SNS 소통 노하우, 학급운영 이야기, 학생 생활지도, 수업 등 학교에서 일어난 모든 우리의 이야기가 그 대상이다. 이러한 과정이 선생님들이 서로 공감하고 소통하며 함께 성장하는 기회가 되었으며, 내가 떠난 지금도 이 학교는 수업 쇼케이스를 이어가고 있다.

다른 선생님의 좋은 점을 그냥 보기만 하지 말고 바로 내 것으로 만들 수 있어야 한다. '우리 학교에서는 안 돼!', '저 학교니까 가능한 거야!', '우리 애들한테는 적용하기 어려워', '나랑은 안 맞아!', '저 선생님이니 가능하지', '나중에 한번 해보자'라는 생각이 아니라 '어떻게 내 교실에서 적용해볼까?', '어떻게 수정하면 될까?' 이런 고민들을 가지고 시도해보는 것을 권한다. 이 과정에서 예상하지 못했던 좋은 결과도 얻게 되고, 시행착오를 거쳐 더 좋은 방법도 찾을 수 있다. 그리고 학생도 성장하고 교사도 성장하게 된다.

타자의 정보를 얻고 이를 실천하기 위해서는 내 교실에서 벗어나 자꾸 다른 교실을 들여다보고 더 나은 곳을 자꾸 찾아 나서야 한다. 연구회, 연수, 공동체 등 교육지원청이든 일반 기업(애플, 구글, 인텔, MS 등)에서 주관하든 배움이 있다면 어디든 적극적으로 참여해야 한다. '특수'라는 프레임에 갇히지 말고 그 프레임을 넘어서 일반학교 범주 안에서 특수교육의 방향과 정체성을 끊임없이 찾아 나서자.

인생은 곱셈이다. 어떤 찬스가 와도 내가 제로면 아무런 의미가 없다.

               – 나카무라 미츠루

06

효율적인
행정업무

행정업무에 대한
교사의 자세

특수학급 업무가 너무 많아요. 방과후학교 운영과 강사 채용, 보조인력 관리 및 인건비 처리 등 끝이 없어요. 가르치는 일에만 집중해도 시간이 부족한데 행정업무까지 하다 보니 수업 준비는 가끔 뒷전이 되어요.

행정업무가 없으면 참 좋겠다. 교사 본연의 임무인 가르침에 집중할 수 있을 테니. 하지만 대한민국 교육현장은 아직 그렇지 못하다. 공립교사는 공무원이기도 하여 정해진 규정과 절차대로 업무를 처리해야 한다. 공무원들은 공문으로 말하고 공문으로 행한다는 말이 있을 정도다.

학교에서 다양한 업무를 해서 나름 행정업무에 잔뼈가 굵었다고 자부하는데도 자주 실수하고 틀린다. 신규교사 때 작성한 공문을 교감 선생님께 결재를 맡으러 갔다가 틀린 부분이 계속 나와 몇 번씩 재결재를 했던 기억이 있다. 그때는 수정한 공문을 다시 출력하여 결재를 받아야 했는데 가는 길이 가시밭길 같았다.

공강 시간에 기안을 작성하고 수정하는 작업을 반복하니 도대체 수업 준비는 언제 해야 하는 것인지 의문이 들었고, 사소한 행정업무가 본연의 업무(수업)까지 지장을 주는 상황이 발생했다. 종이 대신 전자문서 형태로 바뀌었지만 아직도 학교현장에서는 이러한 상황이 바뀌지 않고 있다.

그런데 틀린 것은 죄가 아니다. 실수를 할 수 있다는 것을 인정하고 포용하는 문화를 통해 교사가 업무로 인하여 발생하는 스트레스를 최소화시켜주면 좋겠다. 그 역할의 중심에는 교장, 교감 선생님이 있다.

같이 근무했던 교육지원청 과장님은 기안이나 품의가 틀려 수정된 공문이 자꾸 다시 결재로 올라와도 말없이 결재를 해준다. 그 이유는 스스로 문제를 찾아 해결하고 있는데 결재권자가 이에 대해 지적하면 자율성과 주도성이 떨어지고, 나중에는 오히려 잘못을 숨기게 된다는 것이다. 그러면 더 큰 문제가 생길 수 있다며 업무에 있어서 포용적이고 민주적인 문화가 필요하다고 말씀하신 적이 있다.

사실 교사들은 기안이 틀리거나 품의가 잘못되어도 '우리는 교육자니까 이러한 행정은 중요하지 않으니 틀릴 수도 있지'라고 생각하는 경우가 있다. 교사를 꿈꾸며 대학을 진학했고, 전공지식을 토대로 임용고시라는 어려운 시험을 통과하여 드디어 꿈꾸던 교사가 된 이들에게 행정은 공부하고 고민했던 영역도 아니고 대학에서도 배우지 않았던 관심 밖의 요소일 뿐이다. 그렇지만 우리는 교육자로서 행정에서도 전문성을 갖고 있어야 한다.

신규교사 연수에서 행정업무와 관련 연수도 하며 우리가 해야 할 몫이라고 이야기한다. 그렇기 때문에 아무리 바쁘더라도 교사로서 할 수 있는 행정업무에 대해서 기본적으로 잘 알고 있어야 한다.

우리는 행정업무가 수업에 방해가 되고 불필요하다고 생각하지만, 대한민국 교육자로서 우리가 해야 하는 일이라면 이미 전문성을 갖춘 우리가 그 전문성을 멋지게 발휘해보자는 생각의 변화도 필요하다. 그리고 불합리한 업무에 대해서는 크게는 제도적으로, 작게는 부서별, 학교별 업무 경감을 할 수 있는 방법을 고민해보자.

약점을 감추려 하고 실수를 안 하려고 애쓰지 마라.
그 작은 실수가 내 성장의 시행착오를 줄인다.

– 김현철

일반업무 vs
특수업무

> 특수학급 업무도 많은데 일반업무까지 하라고 합니다. 이 일까지 하
> 는 것이 맞나요?

 몇 년 전 경기도 교육연수원에서 신규 예정교사 200여 명 (보건, 영양교사 포함)과 함께하는 '교육 공감 토크'에 참여했었다. 20분 정도 강연 후 신규 예정교사의 질문을 즉석에서 받고 답변해주는 자리였다. 그중 한 질문이 생각이 난다. 교육지원청에서 발령장을 받고 업무 분장을 받은 남자 신규교사였다. 이 선생님의 질문은 교육정보부 업무를 추가로 받았는데 이렇게 일반업무를 하는 것이 맞는지 아니면 원래는 특수학급 업

무만 해도 되는 것인지였다.

　신설학교가 아닌 학교에서 특수교사가 특수학급 업무에 추가로 일반업무를 맡는다는 것은 학교의 일반교사 누군가가 일반업무를 덜 하게 된다는 의미이다. 특수학급이 없는 동일한 규모의 학교에서는 특수교사 없이 그 일을 이미 하고 있기 때문이다. 하지만 단순히 학교 규모로만 모든 것을 파악할 수는 없고, 업무 또한 무 자르듯 할 수는 없지 않은가? 결론부터 말하면 '일반업무에 도전해보는 것도 좋다'라고 답했다.

　특수학급은 일반학교 내에 속해 있는 하나의 공동체이자 구성원이다. 물론 특수학급의 업무 자체도 상당하다. 특수학급이 1학급일 경우는 교사 한 명이 특수업무와 병행하기는 어려울 수 있지만 2, 3학급의 경우는 일반업무를 같이 하는 것도 나쁘지 않다. 앞에서도 언급했듯이 업무의 공유를 통하여 일반학급 선생님과도 공통분모가 형성되고 관계에도 도움이 되기 때문이다. 교직원 간에 좋은 관계를 맺으면 통합교육도 쉽게 이루어지고 협조가 필요할 때 편하게 요청할 수 있다.

　고등학교에서 근무할 때 교무부 업무를 맡아서 특수학급 업무 외에도 각종 교무 행사 업무를 지원하였다. 학부모 총회, 교육과정 설명회도 준비하고 비평준화 고등학교여서 입학 설명회 관련 프레젠테이션 제작 및 관련 업무도 했다. 사실 특수학급 업무도 벅찬데 추가로 일반업무까지 하는 것은 쉬운 일이

6. 효율적인 행정업무

아니었다. 그래서 야간자율학습 감독할 때나 초과근무를 하면서 부족한 업무시간을 채워야 했다. 그때는 힘들었지만 지나고 보니 성장의 밑거름이 된 경험이었다. 업무도 하다 보면 능력이 향상되는 법이다. 이후 학교에서 어떤 업무를 맡더라도 할 수 있다는 자신감이 생겼다. 가장 큰 보람은 학교의 일원으로서 중책을 맡게 되니 특수학급에 필요한 목소리와 설득력도 갖출 수 있게 되었다는 것이다.

중학교 특수학급에 근무할 때는 교육정보부장을 하게 되었다. 특수학급 운영과 부장 업무까지 정말 눈코 뜰 새 없이 바빴다. 그렇다고 본업(특수학급)에 소홀하다는 이야기는 정말 듣기 싫었다. 그래서 더 열심히 나만의 수업 이야기를 만들었고, 각종 실천 사례 연구대회에 참가해 내가 했던 수업에 대해 검증받고 좋은 결과를 얻기도 했다.

특수학급에서 부장을 하면서 좋았던 점은 부장회의 때 특수학급 관련 사항에 대해 언급하여 행사에 반영할 수 있던 것이다. 학사일정과 학급운영에 관한 사항을 부장회의를 통해 공개하여 특수학급에서 아이들이 쉼 없이 공부하고 있다는 것을 알릴 수 있었다. 만약 부장회의에서 말하지 않았다면 다른 선생님들은 한 울타리 안에 있지만, 특수학급에서 무엇을 하는지 전혀 알 턱이 없었을 것이다.

이후 내가 근무했던 학교가 혁신학교로 지정이 되었고 교장 선생님의 간곡한 부탁을 차마 거절할 수 없어 큰 부담을 안고 혁신부장을 맡게 되었다. 처음에는 정말 부담스러웠다. 혁신교육의 목적은 민주적 학교문화를 만드는 것을 시작으로 궁극적으로는 최종 종착지인 수업 개선에 도달하는 것이다. 특수교사가 선두에 서서 학교 조직에 변화를 일으키고, 일반교사와의 수업 나눔과 개선에 관한 이야기를 하고, 그들의 마음을 움직여 함께 가야 한다는 것이 여간 부담스러운 일이 아니었다.

그런데 곰곰이 생각해보니 특수교육만큼 선진적인 교육이 없다는 생각이 들었다. 자유학기제는 특수학급과 너무 닮았고, 교육과정 재구성은 특수교육에서 내용 대체, 주제 통합, 교과 통합 형태로 이루어지고 있었으며, 학생중심의 개별화교육도 이미 실천하고 있다. 그렇게 혁신부장까지 맡아 학교에서 수업 쇼케이스를 만들어 교육과정 연계 특수학급 수업 사례를 발표하고, 일반교사들에게 교과 융합과 프로젝트에 대한 이해를 돕기 위해 특수학급 아이들과 함께했던 '깨알수프 민주시민 프로젝트'를 공유했다.

이외에도 교직 생활 중 친목회(상조회) 회장과 총무는 도맡아 했다. 친목회는 일반교사와 나 사이의 연결고리로 생각하였다. 내가 먼저 한다고 나서지는 않았지만 다들 하기 싫어하는 일도 부탁하면 거절하지 않았다. 궂은일이라고 업무를 기피하고 칼같이 선을 그었다면 난 그냥 특수학급 안에서만 열심

6. 효율적인 행정업무

히 하는 특수교사로만 비추어졌을지 모른다.

학교뿐만 아니라 조직에서 근무하다 보면 천성적으로 업무를 싫어하거나 극도로 민감하게 업무에 선을 긋는 사람이 많이 있다. 하지만 조직 내에서 이러한 모습은 오히려 관계 형성에 좋지 않은 영향을 주게 된다.

가끔은 분주해 보이는 선생님에게 "제가 뭐 도와드릴 일 없나요?"라고 물을 수 있는 특수교사가 되었으면 한다. 그 한 마디가 그 선생님에게는 얼마나 큰 힘이 되는지 모른다. 다들 그런 경험이 있기에 내 것 네 것을 따지기보다 서로 함께 만들어가는 노력이 필요하다.

업무 경감,
우리가 함께해요

> 특수학급은 업무가 참 많은 것 같아요. 행정업무를 없앨 수 없다면
> 불필요한 업무는 줄일 수 있지 않을까요?

사실 업무라는 것은 교사의 본질에 접근하는 데 방해되는
요소임은 자명한 사실이다. 실제 수업 준비와 아이들 생활지
도만 해도 하루가 순식간에 지나가는데 거기에 업무까지 훅
들어오면 내가 무엇을 하고 있는지 모를 정도로 정신이 쏙 빠
진다. 게다가 기한이 촉박한 공문이라도 오면 수업은 뒷전이 되
는 경우도 종종 발생한다.

아침에 교실 문을 열고 들어오는 아이의 인사를 눈은 컴퓨

터 모니터에서 떼지 못한 채 입으로만 받아주는 날도 있지 않은가? 조금이라도 시간이 났을 때 업무처리를 하려고 말이다. 이러한 문제를 해결하기 위해서는 결국 업무를 줄이거나 일 처리를 빠르고 효율적으로 하는 방법밖에 없다. 대부분의 학교들이 위임전결규정을 잘 지켜 예전보다 업무 경감, 간소화가 이루어지는 것은 좋은 것 같다. 또한 교육행정팀을 구성하거나 구성원간 협의를 통해 불필요한 업무나 일회성 행사를 줄이는 학교도 많다. 단위학교 업무 정상화 방안을 정리하면 다음과 같다.

| 단위학교 업무 정상화 방안 |

① 일하는 방식 개선: 교육과정중심의 학습 조직화

② 조직의 슬림화: 교육활동 부서 + 교무행정지원팀

③ 업무의 재구조화: 업무부서 재조직, 업무 효율화, 불필요한 업무 폐지

하지만 이러한 것은 교육공동체의 합리적인 협의가 있을 때 가능하다. 이러한 합리적 결정은 혁신적인 교장·교감 선생님의 마인드가 선행되어야 한다. 어떻게 보면 본인이 가지고 있던 기득권을 먼저 내려놓아야 하기 때문이다. 이미 확보한 권리를 포기한다는 것은 참으로 쉬운 일이 아니다. 그러한 용기가 넘

치는 교장·교감 선생님을 만난다는 것은 교직 생활에서 가장 큰 행운이지 않을까 싶다. 그런 행운을 이 책을 읽고 있는 많은 분들이 만나기를 바란다.

행정업무 경감을 통하여 교육활동 중심의 학습조직 구성이 필요하며 지속적으로 이를 지키려 노력해야 할 것이다. 그런데 업무를 줄여야 한다고 목소리를 내서 업무가 줄었다고 교사의 질, 수업의 질이 반드시 나아질까? 업무가 간소화되었다면 간소화된 만큼 수업에 대한 책임은 더욱 높아진다는 것을 간과해서는 안 된다.

특수학급 디자인의 시작,
예산계획

내년도 예산을 편성하라고 하는데 K-에듀파인에만 들어가면 너무 어려워요. 특수학급 예산은 어떻게 편성되는지 알고 싶어요.

특수학급에 근무하면 예산을 세워 집행해야 하는데 일반학교 교사에 비해 꽤 많은 금액이다. 특수학교의 경우 교사가 예산을 집행할 수 있는 범위가 극히 제한적이다. 이는 일반학교 일반학급도 마찬가지다. 학급 준비물에 사용할 수 있는 금액이나 전문적학습공동체 지원액 아니면 학교별 각종 연구 시범학교나 외부 지원 금액의 일부 정도를 담임교사가 사용할 수 있다.

특수학급은 학급운영에 필요한 예산을 학교 예산에서 배정받아 사용할 수 있다. 특수학급 예산은 해마다 나오는 학교회계 예산편성지침*에 근거하여 배정받게 된다.

경기도의 경우 특수학급은 1학급당 특수학급 운영비와 급당경비 사업에서 예산을 배정받는다. 경기도 특수학급 운영비는 초중고(전공과 포함) 특수학급 1개 학급일 경우 지급하는 예산이며, 학급당 200만 원(유치원 학급당 300만 원)이다. 급당경비는 전체 학교 수에 포함되어 배정되는 금액으로 1학급당 급당경비가 정해져 있다. 예를 들면 특수학급을 포함하여 19학급인 중학교인 경우는 급당경비가 193만 원**이면 19학급×193만 원이 학교의 총 급당경비이다. 이중 1학급에 해당하는 193만 원이 특수학급의 급당경비인 것이다.

다시 한번 정리하면 중학교 특수학급 1학급일 경우에는 특수학급 운영비 200만 원과 급당경비 193만 원을 더한 총 393만 원이 특수학급 예산이다. 여기에 학생당경비를 요구하여 예산을 편성하고 1년 예산으로 사용하면 된다.

중학교, 고등학교 특수학급에 근무할 때 이 부분을 행정실

* 경기도의 경우 매년 예산편성지침에 근거하여 특수학급 예산편성에 대한 지침을 제시하고 있다. 학교예산=교당경비+급당경비+학생당경비
** 경기도 학교 예산편성지침에 중학교 급당경비 지원 단가를 193만 원으로 명시함. 학생당경비는 중학교 경우 1인당 14.3만 원(2019년 기준)

과 교감, 교장 선생님께 명확히 말씀드려 사용하였지만, 여러 가지 사유로 정해진 예산을 배정받지 못하는 경우도 왕왕 있었다. 교장·교감 선생님 대상 특수교육 연수와 각종 지침으로 인해서 많이 개선되고 있다고는 하지만 실제로 학생 수와 학급의 규모 그리고 특수교사의 운영에 따라 예산이 부족할 수도 있고 남을 수도 있다.

적정한 규모의 예산을 확보하는 것은 특수교사의 의지가 있어야 한다. 예산편성지침과 달리 학교에서 배정한 예산에서만 학급을 운영하겠다면 그 범위 내에서 학급 관련 예산을 집행하면 되겠지만, 그렇지 않다면 예산의 필요성과 정당한 배정에 대한 의견을 지속적으로 개진하여 예산을 정확히 확보해야 한다. 요구를 안 해도 당연히 편성해야 할 예산이지만 그렇지 못한 경우가 많은데, 이것을 바로잡는 것도 특수교사의 몫이다. 특수교사는 참 할 일이 많다.

주어진 예산을 가지고 잘 활용하는 모습을 보여주는 것도 필요하다. 특수학급 교사는 예산을 교육목적에 맞게 적정하게 집행을 해야 할 의무가 있다. 예산은 적절하게 배정받았지만 교육활동에 적합하게 예산을 사용하지 못하는 경우가 발생하면 이는 이듬해 특수학급 예산편성에 문제 요소가 된다.

특수학급 예산은 교육과정과 연계하여 필요한 부분에 대해 집행해야 한다. 수업의 제재와 단원에 맞게 예산을 사용하라는 것이다. 수업을 포함하여 직업교육(교과 내용 대체 형태), 현장 체험학습 모두가 이에 해당 된다.

예산편성을 받았지만 학년 말에 잔액이 많이 발생하는 것도 예산편성에 대한 근거를 퇴색하게 하는 요인이다. 다음해에 또는 다른 교사가 전입을 와도 적정하게 예산을 받아 사용할 수 있도록 지속적으로 예산 관리 및 집행에 신경을 써야 한다.

특수학급 예산은 다양한 교육활동의 기회를 넓혀주는 도구이며 우리 아이들이 마음껏 교육활동을 펼칠 수 있도록 도와주는 일종의 특권인지 모른다. 그러니 이러한 예산을 충분히 받고 있다면 교육목적에 맞게 잘 사용하고, 적정 예산을 받기 위해 노력해야 한다. 또 주어진 예산은 교육과정을 고려하여 부지런히 사용해야 한다.

아울러 특수교사가 교내 행사에 능동적으로 참여하고 교육활동을 주도적으로 운영하는 모습을 보여야 예산에 대한 목소리가 합당하게 들릴 것이다. 예산을 충분히 확보하여 적절한 계획 속에서 목적에 맞게 잘 사용하는 것은 특수교사의 주요 역량이다.

학교운영위원회에
참석하기

학교운영위원회에서 심의할 안건을 제출하라고 합니다. 학교운영위
원회는 어떤 기구이며 특수교사는 어떤 역할을 해야 하나요?

학교운영위원회란 학교 운영의 자율성과 지역적 특성을 반
영한 학교 자치를 근간으로 다양한 교육활동을 창의적으로 실
시하기 위해 필요한 사항을 심의 자문하는 기구이다. 학교운영
위원회는 모든 학교에 설치되며 학부모 대표 및 지역사회 인사
와 교원 대표로 위원 정수는 5~15인 이내이다.

일반교사는 주요 담당자를 제외하고는 학교운영위원회에 안
건을 올리는 경우가 많지 않으나 특수교사는 신규 때부터 학교

운영위원회를 경험한다. 특수학급에 관련한 사항 중에 학교운영위원회에서 결정하는 것이 있기 때문이다. 특수학급에서 운영되는 방과후학교, 체험학습, 현장실습(고등학교) 등은 학교운영위원회에서 심의 의결하라는 지침이 있다. 방과후학교는 학교 정규과정 이후에 특수교육대상학생의 특기적성교육을 위해 실시하는 교육활동이다. 이에 관하여 학교운영위원회에서 심의 결정을 하는데, 학교운영위원회 안건으로 방과후학교의 목적, 프로그램명, 운영 기간, 학생 수, 집행 예산, 강사비, 강사 채용 방법 등을 밝혀 심의를 받아야 한다.

학교운영위원회 담당은 학교마다 다르나 대체로 행정실에서 주관한다. 행정실에서 안건(가끔 교무기획부에서 하는 경우도 있음)을 모아 학교운영위원회 위원들에게 안건 내용을 우편으로 사전 전달하고, 운영위원회 개최하는 날 담당자가 안건을 설명하는 단계를 갖는다. 이후 위원들에게 질의를 받은 후 최종적으로 위원장이 심의 내용에 대해 결정하게 된다.

보통 매년 새 학년 시작 전에 학교운영위원회를 개최하는데 학부모와 학생의 수요와 사전조사를 통해 심의 안건을 미리 작성해놓아야 한다. 만약 전출을 하더라도 최소한 2월(학교와 지역마다 상이함)에 프로그램명과 실시 기간 등에 대해서 사전 학교운영위원회 심의를 받아놓아야 2월 말 강사를 채용하고 3월부터 방과후학교 프로그램을 바로 실시할 수 있다.

그런데 이렇게 이루어지지 않는 경우가 종종 있다. 전입, 전출로 어수선한 시기지만 새 학년 준비는 전임자가 기본적인 사항은 마무리해두고 가는 것이 옳은 것임을 우리는 잊지 말아야 한다. 사람은 머문 자리가 아름다워야 하지 않는가? 업무와 교육활동 및 학생에 대한 모든 정보를 명확히 인계해주는 것까지가 본연의 일임을 명심해야 한다. 새로 전입 온 선생님이 편안하게 잘 적응하며 새 학기를 시작하도록 모든 것을 준비해주는 것이 떠나는 자의 멋진 모습이 아닐까?

특수학급
방과후학교

> 방과후학교를 운영해야 한다는데 처음이라 어디서부터 어떻게 해야
> 할지 모르겠어요.

방과후학교는 특수교육에서 빼놓을 수 없는 교육활동이다. 특수교육대상학생의 특기적성교육과 방과후 돌봄 서비스 지원은 교육복지 차원에서도 중요하다.

특수학교에서는 전교생이 대상이다 보니 부서를 따로 운영할 만큼 방과후학교의 업무 범위가 넓다. 특수학급의 경우는 몇 개 프로그램으로 운영을 하게 되는데, 방과후학교 운영 매뉴얼이나 길잡이를 활용하여 절차대로 차근차근 진행하면

된다. 운영 방법이 시도별로 조금씩 차이는 있겠지만 경기도의
경우 다음과 같다.

| **방과후학교 운영 방법**(경기도 경우) |

① 특수학급 방과후학교 운영위원회 조직(선택사항)

② 학교 및 지역사회 여건 분석

③ 방과후학교 계획서 작성

④ 방과후학교 프로그램 수요 조사

⑤ 프로그램 개설 및 관리 방안 마련

⑥ 방과후학교 세부 운영계획 수립

⑦ 학교운영위원회 심의

⑧ 프로그램 확정 및 강사 채용 공고

⑨ 강사 채용 및 위촉

⑩ 프로그램별 교육활동 운영계획 수립

⑪ 프로그램별 교육활동 전개

⑫ 프로그램 및 강사 만족도 조사

⑬ 운영 평가 결과 반영(학부모 평가 안내)

방과후학교의 궁극적인 목적은 학교 정규 교육과정 이후 특
수교육대상학생의 자기계발 및 사회적응력 향상이다. 즉 방과
후학교는 교육의 연장이며 돌봄 지원을 통한 안전망 확충이라

고 할 수 있다.

방과후학교는 방과후학교 운영위원회를 중심으로 계획서를 작성하는데, 이에 대해서는 사전에 수요조사를 하여 그 결과를 반영한다. 전년도 학생 만족도 결과 등을 활용해도 된다. 프로그램 개설을 구체화하고 세부 운영계획 수립 후 학교운영위원회 심의를 받아 강사 채용 절차를 밟는다. 강사 채용은 1차 서류심사, 2차 면접평가를 실시하며, 학교 행정실을 통해 계약을 진행한다. 이후 구체적인 방과후 프로그램 일정은 특수교사가 계획하여 진행한다.

방과후에 특수교육대상학생들이 특별히 이용할 수 있는 기관이나 프로그램이 일반학교 학생에 비해 많지 않으므로 방과후학교 확대는 우리 아이들을 위해 바람직한 방향이기도 하다.

교육지원청에는 특수교육대상학생을 위한 학기 중, 방학 중 방과후활동 확대에 대한 요구가 끊이지 않는다. 예산 지원부터 방학 중 특수교육형 돌봄 교실 운영까지 장애학생을 둔 부모가 마음놓고 맡길 수 있는 교육기관이 많지 않은 것이 현실이다.

교육지원청과 지자체가 유기적인 상호 협력 지원을 통해 학교현장의 부담을 줄이고, 학부모의 걱정을 덜 수 있도록 노력해야 한다. 그것이 현장의 선생님을 위하는 길이자 학생과 학부모 모두가 만족하는 방과후학교를 만드는 길이 될 것이다.

07

특수학급
실천
이야기

마주 잡은 손,
통합교육 실천 이야기

특수학급 학생들과 함께 통합교육활동을 하고 싶은데 구체적인 사례와 방법을 알고 싶어요.

첫 번째, B-Boy와 Special-Boy가 만나 가슴을 울리는
아리따움(ARITAUM) 이야기

#1. 설렘이 가득한 3월, 정신없이 교실과 교무실을 왔다 갔다 하며 새 학기를 준비하느라 분주할 때 한 아이가 찾아왔다. 약간 주저하는 듯 했지만 너무도 간절히 비보이B-Boy* 동

---

* 비보이의 B는 브레이크break를 가리키는 말로 힙합 중에서도 특히 브레이크 댄스를 전문적으로 추는 사람을 말한다.

아리의 지도교사를 해달라고 하였다. 모든 교무실을 다녀온 후 마지막 희망을 걸고 나에게 부탁하러 왔다는 것이다. 그런 간곡한 부탁을 어찌 거절하랴. 나는 그 학생의 부탁으로 비보이 지도교사를 맡아 춤에 대한 열정이 가득한 이 친구들과 인연을 맺게 되었다.

비보이 동아리는 학교 안에서 존재감은 미약했지만 학교를 대표하는 동아리라는 자긍심이 대단했고, 뚜렷한 목표를 갖고 있는 친구들이었다. 나는 이 학생들에게 무엇을 해줄 수 있을지 고민하였다. 동아리활동의 고충을 들어주고 필요한 것들을 지원하며 학업과 동아리활동을 병행하면서 자신의 미래를 설계해나갈 수 있도록 도와줘야겠다는 생각을 했다. 성적 때문에 자존감이 낮은 이 친구들에게 꿈과 희망을 심어주고 싶었다.

#2. 새 학년 새롭게 만난 아이들은 고등학교 특수학급 8명의 친구들. 보살핌이 필요해 보이지만 성실하고 사랑스러운 학생들이었다. 남들과 조금 다르다는 이유로 종종 소외되고, 우스꽝스러운 행동으로 친구들에게 놀림을 받기도 하며, 친구들이 시키는 짓궂은 말과 장난을 따라 하다 선생님에게 혼나기도 하는, 덩치만 큰 어린아이 같은 아이들이다. 선생님과 친구들에게 사랑받기를 원하나 방법을 몰라 엉뚱한 짓을 하는 순둥이, 선생님과 친구들에게 관심받기 위해 괴성을 지르기도 하는

철부지 말썽꾸러기, 친구들의 말에 상처를 받고 혼자 교실에서 우는 울보였다.

이 8명의 아이들은 많은 것을 원하지 않았다. 다른 아이들처럼 친구들을 사귀고 어울리고 함께하고 싶은데, 친구들 앞에 나설 자신감이 부족하고 함께 어울리는 방법을 모르는 스페셜보이Special-Boy*들이었다.

#3. 서로 다른 듯 비슷한 면이 있는 이 친구들이 올바른 자아상과 목표의식을 갖도록 하는 인성교육을 해야겠다고 생각했다. 함께 어울리는 활동을 통해 서로에게 부족한 것을 채워줄 수 있도록 말이다. 서로 마음의 문을 열고 함께할 수 있는 교육활동은 동아리활동 시간을 이용했다.

비보이 동아리 학생들은 장애학생들과 함께하며 장애에 대한 올바른 인식을 갖고, 특수학급 학생(이하 스페셜보이)들은 올바른 대인관계 기술을 익히며 자신감과 용기를 키울 수 있도록 프로젝트를 계획하였다. 비보이는 마음이 여린 친구들의 약점을 메워주고 스페셜보이는 비보이의 가슴에 사랑의 씨를 심어주는 활동이 될 수 있을 거란 기대를 갖고 통합교육 프로젝트를 실천하였다.

* 특수학급 학생들을 스페셜보이Special-Boy라 칭했다.

단계별 테마		대상	세부 활동 내용
마음-티움 (Tium)	**A**	B-Boy	1. 마음 티움- 오리엔테이션 2. 퀴즈Quiz- 장애이해퀴즈
	R	S-Boy	3. 자신감 티움
		함께	4. 동화작가의 꿈- 작가 초대 5. Wii-Board 탐험기
마음-키움 (Kium)	**I**	B-Boy	6. 장애를 극복한 사람들 7. C-B-W-S 체험 프로그램 8. 너희들이 Special-Boy를 아느냐?
		S-Boy	9. 마법소녀가 된 남자들!- 수학여행 장기자랑
	T	S-Boy	10. 우리에게 너를 보여줘! 11. I-Koo 올레둘레길-
		함께	12. 청소년 페스티발 누리기 13. 오르고 오르기 클라임 마운틴
마음-이음 (Eum)	**A**	B-Boy	14. 비보이를 꿈꾸며
		S-Boy	15. 우리는 밤벨 연주단
		함께	16. 요리쿡 조리쿡 〈붕어빵 편〉
	U	B-Boy	17. 특수학교에 전하는 희망의 몸짓
		S-Boy	18. 감동의 울림 '라온하제' 공연-지역 공연 참가
		함께	19. 가슴을 울리는 아리따움 이야기
	M	B-Boy	20. 아름다운 추억을 가슴에 담아
		S-Boy	21. 가슴에 들려주는 이야기

아리따움(ARITAUM) 프로젝트

처음 활동은 비보이와 스페셜보이의 마음을 틔우는 단계다. 아이스브레이킹과 레크레이션을 통해 마음의 벽을 낮추는 시간을 가졌고, 비보이 학생들과 비장애학생들을 위해 장애이해의 색다른 계기를 마련했다. 어렸을 때 한 번쯤 읽어봤을 동화책 작가를 초청해서 학생들과 함께하는 시간으로 마련했다.

이후 비보이와 스페셜보이는 각각 자신만의 활동을 수행하면서 만남의 준비 과정을 거쳤다. 서로를 알아가고 이해하는 프로그램을 하나씩 진행하면서 함께하기도 하고 잠시 떨어져 각자의 활동을 하면서 서로의 마음을 헤아려보기도 하며 '아리따움 이야기'를 만들어갔다.

스페셜보이는 수학여행 때 멋진 댄스 공연을 해냈고, 비보이는 인근 특수학교 축제에 참가하여 특수학교 학생들을 위해 아름다운 비보이 힙합 공연을 했다. 또 스페셜보이는 마을지역 축제에 참가해 밤벨* 공연을 펼치며 자신감을 쌓고 소중한 추억을 만들었으며, 비보이와의 도서관 합동 공연으로 밤벨 연주 위에 힙합이 그려지는 멋진 모습을 보여주었다. 학생들과 학부모 모두 응원해주고 공연에 함께하는 등 통합교육활동의 든든한 후원자가 되어 프로젝트 운영에 큰 힘이 되었다.

비보이는 스페셜보이와 함께하며 장애는 단지 다름의 하나

---

* 대나무로 만든 인도네시아 악기. 누구나 쉽게 흔들어 연주할 수 있다.

일 뿐이라는 걸 자연스럽게 알게 되었다. 또 장애학생에게 자극받아 자기를 되돌아보며 인생을 새롭게 바라보는 계기가 되었다. 스페셜보이는 비보이와 함께하며 '나도 할 수 있다'라는 자신감과 용기를 얻었다. 또 일반 친구들과 어울리는 것이 자연스러워지면서 다른 친구들과의 관계도 좋아졌다.

두 번째, 따뜻한 봉사 우리는 '따봉'

비보이 동아리와 함께 보람된 한 해를 마치고 다음해에는 특수학급 학생만 데리고 동아리활동을 하게 되었다. 그런데 우리 반 아이들이 하나둘 이야기를 했다.

"선생님! 비보이 아이들은요? 같이 안 해요?"

그 말을 들었을 때 마음속에 작은 요동이 치기 시작했다. 내가 우리 반 아이들이 바라는 것을 놓치고 있었던 것이다. 그래서 우리 반 아이들과 의미 있고 즐거운 추억이 될 만한 동아리를 만들어보자고 새롭게 결심했다.

그때 불현듯 '학습 도움반'이라는 단어가 머리를 스치면서 '왜 우리 학생들은 도움을 받아야 할까? 얼마든지 타인에게 도움을 주고 봉사할 수 있는 신체와 재능을 갖고 있는데'라는 생각이 들었다. 그래, 우리 아이들과 함께 봉사 동아리를 만들어야겠다!

'따뜻한 봉사'의 앞글자만 따서 '따봉'이라고 동아리 이름을 짓고 동아리 인원을 모집했다. 생각했던 것보다 일반학급 학생들이 많이 모였고, 특수학급 학생의 학년에 준하여 학년별로 선발을 했다. 이렇게 우리 학교의 '따봉' 이야기가 시작되었다.

특수교육대상학생 교육의 궁극적인 목표는 사회의 일원으로서 자립하여 통합을 이루는 것이다. 그리고 일반학급 학생을 대상으로 한 특수교육의 목표는 특수교육대상학생을 통해 올바른 인성을 함양하고 건전한 의식을 갖추게 하는 것이다. 이러한 목표를 이루기 위해서는 상호작용을 통해 긍정적 효과를 높일 수 있는 쌍방향적인 통합교육이 필요하다.

특수교사는 일반학생과 특수교육대상학생의 물리적 통합에 그치지 않고 이들간의 상호작용이 긴밀하게 유지될 수 있는 통합교육방법을 늘 고민해야 한다. 따봉 동아리는 동아리활동을 통해 교내 통합을 넘어 사회로의 통합(봉사)을 목표로 하는 통합교육 개발을 고민한 결과로 탄생한 것이다.

따봉 동아리의 첫발은 일반학생과 함께하는 영화관 체험학습과 마을 내 특수학교 방문을 통해 서로에 대해 이해하는 활동으로 내디뎠다. 두 번째 단계에서는 학교 꽃밭 가꾸기와 바리스타 체험, 학교 주변 및 마을 환경 정화 활동을 함께 폈다. 다음으로 노인요양원을 찾아 봉사했고, 어린이집 봉사로 진로체험도 하는 시간을 가졌다. 이렇듯 특수교육대상학생도 지역 내 뜻깊은 봉사에 얼마든지 참여할 수 있다.

7. 특수학급 실천 이야기

단계	실천 내용	봉사 활동 종류
1 Step	함께 누리는 '따봉' 탐험대 1	교외 체험 및 견학
	1. 함께 어울리는 영화체험 2. 특수학교가 무엇인고?	
2 Step	학교를 누비는 '따봉' 탐험대 2	교내 봉사활동
	3. 온 세상과 마음에 꽃밭 덮기 4. 커피향에 사랑을 싣고 5. Smart한 환경 봉사대	
3 Step	세상을 누비는 '따봉' 탐험대 3	교외 봉사활동
	6. 노인요양원의 따뜻한 오후 7. 좌충우돌 어린이집 봉사	

〈'따봉' 프로젝트에서의 상호 보완적 봉사활동 : 통합교육의 질적 확대〉

특히 여학생들은 어린이집 봉사에 상당한 관심을 가지고 의욕적으로 참여하였다. 지금도 "선생님, 선생님! 저 꼭 하고 싶어요."하며 서로 어린이집 봉사를 하겠다고 말하던 모습이 눈에 선하다. 특수학급 아이들이 함께한 어린이집 봉사는 통합교육과 봉사활동이란 두 마리 토끼를 잡는 활동이 되었다. 어린이집 섭외가 쉽지는 않았다. 일단 학교 근처여야 하는데, 어린이집마다 봉사 학생 인원수 제한이 있는데다 유치원은 교육과정이 맞지 않으면 참석이 어려운 경우가 있었다. 그래도 마을 내 어린이집, 유치원 선생님들이 도와주셔서 아이들에게 좋은 체험과 봉사의 기회를 줄 수 있어 보람이 컸다.

마을과 함께한
진로교육 실천 이야기

> 고등학교에 근무하다 보니 학생들 진로 및 취업지도에 관심이 많아
> 져요. 진로교육 수업 및 취업지도 사례에 대해 알고 싶어요.

첫 번째, 장애학생을 위한 진로교육(C-Placement 프로젝트 : Section I)

특수교육에서의 진로교육은 곧 아이들의 삶과 직결된다. 진
로교육은 진로와 취업을 결정하는 데 매우 중요한 역할을 하
며, 장애인 교육의 궁극적인 목적인 사회적 자립을 위한 밑거
름이기도 하다.

2008년 시행된 「장애인 등에 대한 특수교육법」 제2조 9호
에서는 '진로 및 직업교육'을 '특수교육대상자의 학교에서 사회

등으로의 원활한 이동을 위하여 관련 기관의 협력을 통해 직업 재활훈련·자립생활훈련 등을 실시하는 것'이라고 정의함으로써 장애학생들의 진로 및 직업교육의 중요성과 그 필요성을 나타내고 있다. 2010년에는 「장애학생 진로·직업교육 내실화 방안」* 을 발표하여 특수학교뿐만 아니라 일반학교 특수학급에서도 장애학생 진로·직업교육이 보다 구체적으로 추진될 수 있는 기틀을 마련하였다.

장애학생들은 일상생활뿐 아니라 사회생활 속에서 사회의 한 일원으로서 자립하는 능력을 키워야 한다. 하지만 장애학생들은 개별적 특성으로 인해 스스로 진로를 설계하고 결정하는 데 어려움이 있다. 이를 보완하기 위해 장애학생에게 적합한 진로교육 교육과정 및 프로그램 개발이 필요한 것이다.

장애학생들이 졸업 후 사회 구성원으로서 역할을 다하며 살아가기 위해서는 경제적 자립이 전제되어야 하는데 그러려면 직업이 반드시 필요하다. 직업을 갖기 위해서는 자신의 미래에 대한 확고한 의식과 목표가 있어야 하며 이는 장애학생에게 맞는 진로교육이 이루어질 때 가능하다. 효과적인 진로직업교육 실천을 위해 나는 학생들과 함께하는 프로젝트 스토리를 구성해보았다.

* 김은주, 〈장애학생 진로·직업교육의 정책적 지원 방향〉, 2010

[C-Placement 프로젝트 : Section I(진로 Design 편)]

Part I	가. S-PAPS 체력단련 프로그램 나. 나에게도 이성친구가 다. 술과 담배 이야기 라. 첫 월급을 받았어요 마. 워크넷과 Job에이블 탐험
Part II	바. 또 다른 나를 찾아서 사. 감사합니다. ○○○입니다 아. 직업 삼총사 자. How about some tea? 차. 개념원리 면접의 정석 카. 직업-일=임금 타. 자신감 향상 프로그램

　고등학교 특수학급에서 진로지도를 하다 보니 아이들이 사회에 나가기에는 많이 부족하다는 걸 절감하게 되었다. 막상 취업을 시켜도 아이들이 버티지 못하고 그만두는 경우가 다반사였다. 취업지도를 위해 마을 내 업체를 돌아다니고 무작정 업체 인사 담당자를 찾아가기도 하면서 교육과 실습을 병행했지만 우리 학생들이 준비가 덜 되었다는 생각만 더해지곤 했다.

　새로 프로젝트를 기획하면서 시작을 기초체력 향상 프로그램으로 했다. 성인으로서의 삶을 준비할 수 있는 기본 과정으로 설계한 프로그램이다. 직장생활 속 건강 관리를 위한 교육, 월급을 어떻게 관리하고 사용하는지 경제교육도 했다. 이때는 학교 앞 은 행을 자주 활용했다.

'워크넷'이라는 정부 운영 구직 사이트에서 실제 구직활동을 하는 방법을 익히고, 국어 시간의 이력서, 자기소개서 작성하기를 프로젝트에 포함했다. 그리고 모의 면접을 통해 면접 대상자와 면접관의 역할을 함께 해보면서 구직을 위한 활동을 교육과정 내에서 실습과 병행했다. 직장생활에서 겪을 실무적인 상황들을 설정해 인사법부터 전화 받는 요령까지 지도했다.

이런 활동들은 아이들이 고등학교 이후의 삶에 대해 스스로 생각해보고 고민하는 기회가 되었다. 게다가 3학년 선배들이 하는 활동을 보고 1학년 후배들이 "선생님, 3학년 형들처럼 하려면 저는 지금 뭐 해야 해요?"라고 물어보며 자신의 진로를 생각하는 모습까지 볼 수 있었다.

두 번째, 특수학급에서의 직업교육(C-Placement 프로젝트 : Section II)

직업교육이란 개인이 일의 세계를 탐색하여 자기의 적성·흥미·능력에 맞는 일을 선택하고, 그 일에서 필요로 하는 지식·기능·태도·이해 및 판단력과 일에 대한 습관 등을 개발하는 형식 및 비형식적인 교육이다.[*] 이러한 의미로 보면 교사, 의사, 변호

---

[*] 국립특수교육원, 특수교육용어사전

사, 컴퓨터 프로그래머, 농업 경영자, 제조업 근로자 등을 양성하는 교육이 모두 직업교육에 해당한다. 좁게는 전문대학 졸업 이하의 학력을 요구하는 특정 직업에 종사하기 위하여 필요한 지식과 기능을 습득시킬 목적으로 이루어지는 실업교육, 기능교육, 직업훈련을 지칭한다.

특수교육에서 직업교육은 실과를 비롯해 중학교부터 실시되는 기본교육과정의 직업 관련 교과가 중심이 된다. 장애학생이 졸업 이후 실질적인 직업 생활로 이어질 수 있도록 그들의 흥미와 적성을 고려하고, 지역사회와 현장에 기반한 관련 기관 간 연계를 통해 직업교육이 이루어져야 한다. 이러한 기본 방향 아래 구성해본 '시즌2 직업교육 프로젝트'를 소개한다.

[C-Placement 프로젝트 : Section II(직업교육 실천 편)]

가. 제빵왕 김탁구	현장실습
나. 패스트푸드점을 점령하라!	현장실습
다. 실버타운의 오후	현장실습
라. 도서관을 그대 품으로	현장실습
마. 나는야! 급식 셰프	현장실습
바. 무한도전 현장실습	현장실습
사. 체험은 이제 그만! 배밭 농장	현장실습

네모반듯한 교실은 구성원의 사고와 상상의 범위를 제한한다. 때문에 좀더 현장감 있는 취업지도를 위해 교실을 벗어나 마을을 이용하여 아이들 진로직업체험을 찾아 나섰다. 우

선 학교와 가까워야 하고, 아이들이 쉽게 접근하고 호기심을 가질 수 있는 직무여야 했다. 실습이지만 나중에 취업까지 염두에 두어야 하기에 집에서의 거리도 꽤 중요한 요소다.

평소 다녔던 유명 베이커리 사장님에게 우리 아이들의 실습처가 되게 해달라고 부탁했다. 이렇게 베이커리를 시작으로 학교 근처에 있는 요양원, 도서관, 학교 급식실, 패스트푸드점을 실습처로 만들었다. 모두 학교에서 걸어서 5분 거리 이내였다.

현장실습계획을 작성하고 학교장 결재 후 3학년 아이들 중심으로 실습에 들어갔다. 실습처 사장님들은 우리 아이들이 할 수 있는 직무를 만들어주셨다. 물론 쉽지는 않았지만 아이들에게는 즐거운 경험이 되었다. 특히 학부모들이 적극적으로 지원해주셨다. 1, 2학년 학부모들도 아이들 현장실습 때 시간을 내서 돕겠다고 나서주었다.

특수학급 학생 모두가 학교 근처 배밭 농장에서 1년 동안 정기적으로 배 농사를 지은 적도 있다. 실습을 통해 지역 특산물을 직접 기르며 마을에 대한 사랑과 함께 농부로서의 경험을 통해 일과 직업의 소중함을 더불어 누릴 수 있는 기회가 되었다.

하나하나가 소중했던 현장실습은 학부모, 마을 사람들이 모두 함께했기에 가능했다. 마을교육공동체가 바로 이런 것이 아닐까? 네모난 교실에서 벗어나 학교 밖으로 나가보자. 더 크고

넓은 바다가 기다리고 있을 것이다. 이와 관련한 이야기는 뒷장에 나오는 '학교 밖 마을교육과정 만들기' 챕터에서 더 자세히 설명하겠다.

고등학교 졸업 후 진로 로드맵

취업	
장애인 고용 사업장	- 진로직업특수교육지원센터 - 장애인고용공단 - 학교 자체 고용 등
진학	
대학 진학	- 장애인특별전형
비인가 대학	- 개인이나 기관 운영
전공과	- 특수학교 전공과, 고등학교 전공과(경기도)
직업훈련	
직업능력개발원	- 장애인고용공단에서 전국 5개센터 운영(평가 후 입소)
보호작업장	- 개인이나 기관에서 운영하는 보호작업장
복지관	- 지역별 장애인 복지관
기타	
기타 보호시설	- 기타 개인시설

별별 상상!
스마트교육 실천 이야기

미디어를 활용하면 아이들이 더 흥미를 갖고 수업에 참여하는 것 같
아요. 스마트기기를 교육에 적용해보는 것도 좋은 방법 같은데, 아이
들과 함께 해볼 만한 스마트교육 수업 사례에 대해 알고 싶어요.

첫 번째 수업, 사진 애플리케이션을 활용한 만화 만들기

아이들의 흥미와 참여를 끌기 위해 사진 애플리케이션을 활
용해 만화를 만들어 발표하는 수업을 시도한 적이 있다. 국어
시간에 전단지나 인쇄물 등에 있는 다양한 모양의 사진, 광고
등을 활용하여 내 마음대로 만화 만들기를 해본 것이다. 인쇄
매체에 있는 사진, 광고, 글자 문구 등을 촬영해서 애플리케이

만화앱으로 컷 만들기

만화 만들기 결과물

선을 이용해 사진 편집, 말풍선 기능을 사용하여 만화로 만들었다. 주제는 아이들이 자유롭게 정하게 했다.

그림을 잘 그리지 못하는 아이들도 애플리케이션을 활용하면 손쉽게 결과물을 만들어낼 수 있었다. 자기가 만든 만화를 설명하고 발표하게 했더니 다들 열정적이었다. 애플리케이션을 활용한 수업은 특수학급 아이들도 쉽게 수업 결과물을 만들어낼 수 있다는 장점이 있다. 결과물도 쉽게 공유할 수 있다.

두 번째 수업, 마트 점령 물건 구입하기

아이들의 흥미와 동기 유발을 위해 QR 코드로 미션을 주었다. 조건에 맞는 물건을 구매하고 그 영수증을 카카오톡으로 제출하는 것이 미션이다. 수학과 사회 과목을 연계해 마트에 가서 정해진 금액에 맞추어 물건을 고르고 사는 법을 배우는 통합교육과정으로 수업한 사례이다.

| 미션 활동(예) |

① 5,000원 어치의 물건을 사고 영수증 사진을 카카오톡으로 전송하시오.

② 돌발퀴즈: 모둠원끼리 하트 모양을 만들고 사진 찍어 카카오톡으로 전송하시오.

위와 같은 미션을 모둠별로 수행하면 문제해결력과 협력하는 역량을 기를 수 있다. 물건 구입 미션은 학생의 수준에 따라 난이도를 다양하게 만들 수 있다. 또 요리 실습 재료를 위와 같은 방법으로 구입하여 다른 교과에서 재구성하여 연계 활용할 수 있다. 전통한식체험 동아리 시간에는 전 시간에 미리 구입한 재료를 활용했다. 부족한 재료와 레시피는 스마트기기로 검색하여 필요한 재료를 찾아 구입해 학생들이 직접 요리를 실습했다. 그렇게 만든 음식 중 하나가 전통궁중음식 구절판이다.

QR코드로 미션 확인하기   마트 영수증 인증샷

세 번째 수업, 왕릉 탐사대

세계문화유산에 등재된 조선왕릉이 많은 지역에 근무할 때
는 통합학급 역사 시간과 연계한 체험학습을 계획하기 좋았다.
근현대사의 '대한제국 성립' 수업의 교육과정을 수정하여 고종
왕릉에서 스마트기기의 이동성을 활용한 현장체험학습을 시도
해보았다.

대한제국 마지막 왕의 무덤에서 펼쳐지는 다양한 미션을 통
해 학생들이 스마트기기를 활용, 소셜미디어SNS로 과제를 제출
하고 보물을 찾으며 돌발상황에 대처하기도 하면서 마을의 문
화재를 흥미롭게 접하고 지역 특성이 자연스럽게 학습되도록
했다.

| 미션 내용 |

① 고종 왕릉의 무덤을 찾아 봉분이 보이게 단체 인증샷을 찍어
   전송하시오.
② 왕릉 주변을 지키는 석상 동물들의 종류를 작성하여 보내시오.
③ 왕릉을 지키는 홍살문(빨간 나무)을 찾아 인증샷을 찍으시오.
④ 돌발퀴즈에 대비하시오.

미션 내용과 난이도는 아이들의 수준에 맞추어 조정한다.

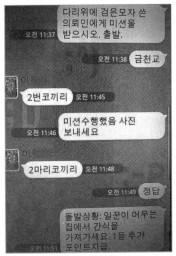

홍유릉 현장체험학습 SNS 내용

네 번째 수업, 스마트기기를 활용한 장애인의 날 행사

장애인의 날 행사는 특수교사가 피할 수 없는 연례행사
이다. 행사 때마다 이번에는 무엇을 할지 늘 고민이 앞선다. 아
이들을 위한 새로운 방법이 무엇이 있을까 고민하던 중 역시
스마트기기를 활용하면 좋겠다는 생각을 하게 되었다. 학생들
의 참여도를 높이고 변화하는 시대에 맞게 스마트기기를 활용
하여 장애인의 날 행사에 참여할 수 있도록 행사 포스터부터
흥미를 유발하는 디자인으로 신경 써서 제작했다.

행사 포스터에 QR 코드를 넣어 5행시 짓기, 영상 소감 쓰기,

장애인식 퀴즈에 참여할 수 있도록 했다. 종례시간 이후 QR 코드나 URL 주소를 통해 글을 올릴 수 있도록 하여 학생 참여율을 높였다.

장애인의 날 행사 참여 홍보 포스터

깨알수프 2.0:
프로젝트 수업 이야기

> 프로젝트 수업에 관심이 많아 연수도 듣고 책도 봤는데 우리 아이들과 연관된 사례는 없더라고요. 프로젝트 수업에 도전해보고 싶은데 우리 아이들도 할 수 있을까요?

우리가 말하는 배움중심수업은 학생중심교육을 위한 실천 방법이자 학생이 갖추어야 할 역량을 기르는 수업 철학 및 변화를 지향하는 운동이다. 전통적인 교육방법인 지식 중심의 일방향적 교육내용은 이제 인터넷이라는 매체를 통해 다양한 정보의 형태로 습득할 수 있다. 하지만 단편적 지식 습득만으로는 미래 인재가 갖추어야 할 역량을 기르는 데 어려움이 있다.

그래서 융합교육(통합교육과정)이 필요한 것이며 이를 위해 교육과정 재구성이 필요하다. 프로젝트 수업은 이러한 실천적 교육의 일환이다.

프로젝트 수업은 정형화된 학습 방법이 아니다. 학생의 특성과 역할 그리고 교사의 역할과 학습 내용과 평가 방법 등에 대한 총체적인 변화를 요구한다. 이러한 교육은 일반학교 학생뿐만 아니라 특수교육대상학생에게도 적절한 교육 형태이다. 특수교육대상학생의 삶과 연계한 교육활동은 자발성을 기초로 한 배움이 일어나도록 한다. 일상 속에서 문제의식을 갖고 문제해결력을 바탕으로 자신의 삶을 스스로 개척하도록 하는 데 프로젝트 수업의 목적이 있다. 정해진 것은 아니지만 프로젝트 수업 절차는 다음과 같이 정리할 수 있다.

프로젝트 수업 절차
개별화교육계획IEP → 주제 선정 → 자료 수집 → 계획서 작성 및 교사 피드백 → 과제 수행 및 교사 피드백 → 보고서 작성 → 프로젝트 발표 → 프로젝트 평가 → 생활기록부/개별화교육계획IEP평가 작성

민주시민으로서의 자질 함양*과 문제해결력 향상을 위한 프로젝트 수업 절차에 도움이 되도록 내가 진행한 '학교 안전 등굣

* 2015 개정교육과정 총론 중학교, 고등학교의 근본적 교육목표

길 프로젝트'를 소개한다. 민주시민이라는 인재상에 따라 우리 주변에 있는 문제를 함께 찾고 이를 해결하고 풀어가도록 프로젝트 수업을 구상하였다. 이를 통해 장애학생의 민주시민의식과 실천적 의지를 배양할 뿐만 아니라 학교를 넘어 마을로 교육의 장을 넓혀 지역사회와 함께하는 수업을 진행했다.

'학교 안전 등굣길 프로젝트'는 아이들의 등교 불편에서 착안했다. 어느 날 한 아이가 교실에 와서 가방을 내려놓자마자 이렇게 말했다. "선생님! 학교 앞에 새로 생긴 횡단보도에 신호등이 없어서 한참 기다렸어요. 차가 계속 오는 것 있죠? 거기 신호등이 없어서 불편해요." "맞아! 그렇구나! 그러면 횡단보도 신호등을 우리가 한번 만들어볼까?" 우리의 프로젝트는 이렇게 시작되었다.

사실 횡단보도 신호등을 만드는 것쯤은 의외로 쉬울 것 같았다. 횡단보도에 신호등은 당연히 있어야 할 것이기에 주민센터에 이야기하면 어렵지 않게 만들 수 있을 테고 이 문제가 해결되는 과정에서 아이들이 성취감을 얻게 할 수 있을 것이라 생각했다. 손자병법에서 최고의 전술은 싸우지 않고 이기는 것이라 하지 않았나. 바로 이것이 싸우지 않고 이기는 게임이었다.

이것을 어떻게 교육과정으로 재구성할지가 고민이 되었다. 고민 끝에 아이들과 함께 문제해결을 주제로 프로젝트 수업을

[프로젝트 수업 설계]

• 대상 학생 : 중학교 1, 3학년, 특수학급 5명
• 프로젝트 수업 설계 : [깨알수프 2.0] 깨닫고 알아가는 수업 프로젝트

프로젝트 주제		학교 안전 등굣길 만들기 프로젝트	수업모형	프로젝트 수업
교육과정 성취기준	경기도 특수교육 교육과정	사회(본시): [09사회03-07] 지역의 문제에 관심을 가지고 민주적인 문제해결의 필요성을 설명한다. => 성취기준 재구조화 가능		
경기도 교육과정 역량	핵심역량	- 자주적 행동 역량 : 주제 선정 및 자기주도적 수업 운영 성찰 - 비판적 성찰 역량 : 정보 수집 및 문제 제안 참여하고 비판(인터넷) - 창의적 사고 역량 : 문제 발견 및 문제해결 방법에 대한 사고 - 문화적 소양 역량 : 안전한 학교 등굣길을 위한 옐로우카펫 만들기 - 의사소통 역량 : 학교 설문 및 모둠별 과제 수행에 따른 소통 기르기 - 협력적 문제해결 역량 : 학교와 마을에서 문제를 발견하고 협력적 해결 - 민주시민 역량 : 공동체의 구성원으로 문제를 인식하고 적극적 참여		
교수학습 모형	탐구학습 토의토론 협동학습	- 탐구학습 : 문제를 탐구하고 해결하는 과정 - 토의토론 : 문제 발견, 해결 과정 지속적으로 이루어짐 - 협동학습 : 모둠의 역할 분담과 협력을 통한 과제 해결 * 모둠 학습을 통한 자발적 참여와 소통으로 민주시민의식 함양		
융합교과	사회 국어 수학 미술	- 사회(본시) : 사회 참여 문제를 직접 해결하고 민주시민 자질 함양 - 국어 : 자신의 의사를 표현하고 설명하고 설득하기 - 수학 : 학교 설문 통계를 통한 문제 발견 및 인식 분석 - 미술 : 캠페인 보드판 제작, 그림지도, 옐로우 카펫 그리기		
평가 방법	과정중심 평가	학생평가	자기평가, 동료평가	
		교사평가	관찰평가, 보고서평가	
기록	NEIS/ IEP기록	- 교과 세부능력 및 특기사항에 주제와 활동 중심으로 세부적 기록		

만들어가기로 했다. 이렇게 만들어진 것이 '학교 안전 등굣길 만들기 프로젝트'이다.

주제를 정했으니 그 다음은 학생들이 모두 모여 학교 주변 등굣길 위험요소를 찾아보았다. 그리고 이를 포스트잇에 자유롭게 적어 종이에 붙이고 그림에 소질이 있는 학생이 예쁘게 꾸며 학교 주변 등굣길 위험요소 현황을 공동으로 만들었다. 붙여놓은 포스트잇을 보며 아이들과 어떤 위험요소가 있는지 이야기를 나눴다.

아이들이 이야기했던 학교 앞 등굣길 위험요소는 횡단보도 신호등이 없는 것, 학교 앞 오거리 신호등 시간이 너무 짧은 것, 숲길에서 나오자마자 횡단보도가 없는 것, 잘못 그려진 횡단보도, 후문 쪽 작은 길에 난간이 없어 하천으로 떨어질 우려가 있는 곳, 학교 정문으로 들어오는 인도가 두 사람이 나란히 걸으면 꽉 차서 좁은 것(사실 이것은 사유지와 관련 있기에 주민센터에서 해결하기 어려움), 학교로 들어오는 좁은 사거리가 등교 차량으로 복잡한 것 등이었다.

다음 시간에는 학교 주변 마을 그림지도를 함께 만들어 위험요소가 있는 부분을 그림지도에 표시하고 어떤 부분이 문제이고 개선점이 무엇인지를 직접 살펴보았다. 다음 차시에는 직접 현장에 나가서 어떠한 부분이 등굣길 안전을 해치는 부분인지 찾아보고 사진을 찍어 간단한 보고서를 만들었다.

[수업 과정안(2차시)]

수업교과	사회 (다) (특수)	지도 단원	6. 법을 지키는 생활 1) 생활 속의 법	일시	2000. 00. 00

주제 (성취기준)	학교 등굣길의 안전요소를 발견하여 안전 등굣길 그림지도를 협력하여 완성한다. [09사회03-06] 지역의 문제에 관심을 가지고 민주적인 문제해결의 필요성을 설명한다.
추구하는 역량	자주적 행동 역량, 비판적 성찰 역량, 문화적 소양 역량, 의사소통 역량 협력적 문제해결 역량, 민주시민 역량
수업설계 방법	마을과 연계한 프로젝트 수업 협력학습, 토의토론학습, 융합교육(사회, 국어, 수학, 미술, 정보)
수업 흐름	1. 프로젝트 주제 확인(5분) 2. 학교 앞 주변 둘러보기(지도 애플리케이션 활용) : 5분 3. 학교 주변 위험요소 의견 나누기(15분) 4. 그림지도를 협력하여 작성하며 등굣길의 위험요소 파악(17분) 5. 안전 등굣길 캠페인 준비 계획 세우기 - 차시 활동 준비(3분) - Step(기초) : 프로젝트 주제에 대한 인식을 명확히 하도록 하고 학교 주변의 시설과 도로 상황과 등하굣길의 교통량, 안전사고 발생 건수, 교통안전 시설 등의 다양한 위험요소를 파악하여 종합적으로 생각하도록 한다. - Hop(공유) : 자신의 생각을 함께 모둠원과 이야기를 하며 협의를 통해 위험요소가 어디에 있고 어떤 사고를 유발할 수 있는지에 대한 안전요소를 함께 점검하고 합의하여 최종 의견을 도출하도록 한다. - Jump(심화) : 이 부분을 그림지도로 나타내고 위험요소 지점을 명확히 표현하도록 한다. 이에 따라 학생들은 머릿속에 위험한 곳을 이미지화하여 기억하게 되고 위험요소를 붙임딱지로 표시하고 위험요소에 대한 설명을 간단히 적고 해결방안에 대해서 함께 고민한 후 수업을 마친다.
수업자 수업관	학교 앞 안전 등굣길 프로젝트라는 주제를 정하여 실제 안전 등굣길을 만들어가는 처음 단계로써 학생들이 주도적으로 문제를 인식하고 주제에 따라 위험요소를 스스로 찾아가는데 그 목적이 있다. 학생들이 문제를 인식하는 과정 속에서 비판적 사고력을 키우고, 함께 위험요소를 찾으면서 협력적 문제해결력을 기르게 된다. 또, 상호 협의 과정을 통해 자연스럽게 토의토론 문화를 습득하게 되고 의사소통역량을 향상시킬 수 있도록 프로젝트 수업을 진행하려고 한다. 이 과정 속에서 학생들은 삶과 연계된 실질적 문제를 인식하고 해결하는 과정을 스스로 익히게 된다.

7. 특수학급 실천 이야기

다음 단계로 어디가 학교 등굣길에서 가장 위험하며 빨리 개선해야 할 부분은 무엇인지 전교 학생을 대상으로 점심시간에 설문조사를 실시하였다. 우드락에 위험요소 사진 자료를 인쇄하여 붙이고 붙임딱지로 친구들의 의견을 수렴해 통계를 냈다. 숲길과 만나는 길에 횡단보도가 없는 것과 새로 생긴 횡단보도에 신호등이 없는 것이 가장 시급하게 개선해야 할 부분이라는 학생들 의견이 모아졌다.

안전 등굣길 조성을 위한 인형극도 만들기로 했다. 아이들과 인형극 등장인물을 정하고 자유롭게 극본을 짰다. 조금은 유치한 시나리오지만 아이들과 같이 만들어본다는 것에 의미를 두었다. 시나리오를 바탕으로 퍼펫팔즈PuppetPals, iOS라는 인형극 애플리케이션을 활용하여 단막극을 만들었다. 이렇게 완성된 인형극은 학부모들과 바로 공유했다.

등굣길 위험요소 문제를 해결하기 위한 직접적인 사회참여도 기획했다. 교실에 있는 PC로 시청 민원 게시판에 접속하여 숲길과 연결되는 도로에 횡단보도를 그려주고, 횡단보도는 있지만 신호등이 없는 곳에는 신호등을 설치해달라는 글을 올렸다.

이렇게 프로젝트 수업을 마무리하고 몇 주가 지난 어느 날이었다. 학교에 일이 있어 토요일에 출근을 하고 있는데 주민센터에서 숲길 앞에 횡단보도를 그리고 있는 것이 아닌가! 얼마

후 신호등이 없던 횡단보도에도 보행자 신호등이 설치되었다. 예상했던 대로 말이다.

이 과정을 통해 우리 아이들은 적극적 의사소통을 통해 비판적으로 사고하는 법을 배우고 문제를 협력적으로 해결하는 경험을 했다. 또 사회참여 활동을 통해 민주시민으로서의 자질을 함양하는 기회를 얻었다.

학교 안전 등굣길 프로젝트 수업은 국어, 사회, 수학, 미술, 정보 교과의 통합교육과정으로 이루어졌다. 교육과정 재구성은 지역과 마을의 특성과 학생 수준 그리고 우리가 당면한 문제를 우리 실정에 맞게 아이들과 함께 해결하려는 마음에서 이루어진다고 할 수 있다.

학교 앞 안전 등굣길 만들기 활동

수업자가 방향성과 목적 없이 단순 내용 전달과 제시된 활동으로만 수업하는 것은 바람직하지 않다. 수업을 통해 학생들에게 가르치려는 내용은 무엇인지, 학생들에게 기대되는 결과가 무엇인지에 대한 고민이 담겨야 한다. 그래서 수업자의 수업관이 중요하다. 가르치는 교사의 시선에서 배우는 학생의 시선으로 전향이 이루어져야 한다.

지금 내가 근무하고 있는 학교에서 어떤 즐거운 학습이 새롭게 일어날 수 있는지 상상해보자. 수만 명의 특수교사가 있다면 수만 가지의 즐거운 이야기와 수업 사례가 나올 것이다.

학교 밖
마을교육과정 만들기

> 학교를 벗어나 마을과 함께하는 교육과정을 만들고 싶어요. 마을과
> 함께했던 수업 이야기를 들려주세요.

첫 번째, 배밭 이야기

나는 먹골배가 유명한 곳에 근무해서 마을 주변에서 자연스럽게 배밭을 볼 수 있다. 배밭을 바라보다 문득 머릿속을 스치는 생각이 있었다. 현장체험학습을 한다고 학생들을 데리고 체험학습비를 쓰면서 멀리까지 차를 타고 가는데 그럴 필요 없이 학교 주변의 마을 자원을 이용하면 어떨까? 그 길로 마을 주변 배 농장에 무작정 찾아갔다. 농장주를 만나 학생들에게 배의

한살이를 관찰하고 가을 수확의 기쁨을 느낄 수 있는 기회를 달라고 했다.

배 농장 체험은 일회성 체험이 아니라 배가 열리는 1년의 과정을 체험할 수 있는 기회가 되었다. 일하는 즐거움을 느끼는 직업체험의 장이기도 했다. 3월에 가지치기, 4월에 비료 주기, 5월에는 예쁜 배꽃(이화)을 감상하고, 6월이 되면 열매 촉진제를 발라준다. 7월에 배를 솎아주고, 8월이 되면 예쁘게 포장하고, 9월에 수확한다. 1년 동안 농사를 지으며 아이들은 일의 보람을 생생하게 체험했다.

농장 체험을 마치고 농장에서 밥을 먹을 때 한 학생이 했던 말이 떠오른다. "선생님! 밥맛이 정말 꿀맛이에요." 그렇다. 내가 아이들에게 알려주고 싶은 것이 바로 이 '꿀맛'이었던 것이다.

두 번째, 마을은 현장실습처

고등학교 특수학급 3학년 학생들의 진로 및 취업교육을 어떻게 할까 고민할 때의 일이다. 복지관, 지역별 진로직업특수교육 지원센터 등이 우리 반 아이들의 취업지도를 도맡아 해주기를 기대할 수 없었다. '그래, 우리 반 학생들에 대해 가장 잘 아는 내가 직접 하자.'

명함을 만들어 여러 업체를 방문했다. 이○트, 홈○○스, 미스○ 피자 등의 인사 담당자도 만나 현장실습의 기회라도 가질 수 있도록 노력하였다. 좋은 결과도 있었지만 그렇지 못한 경우도 많았다. 이 과정에서 나는 마을 자원을 활용해 현장실습의 경험을 만들고, 그 활동이 취업과 연계될 수 있도록 하는 것이 가장 좋은 직업교육이라는 것을 깨달았다.

우선 학교 주변의 패스트푸드점, 베이커리, 마트, 커피숍, 요양원 등에서 현장실습을 할 수 있게 만들었다. 학교 주변에서 실시하니 현장실습 지도가 훨씬 수월했다. 마을 사람들과 어울리며 특수학급 학생에 대한 신뢰를 높이는 기회가 되었고, 당사자에게는 경험의 폭을 넓히는 계기가 되었다. 이러한 활동이 직접 취업과 연계된 좋은 사례도 있었다.

주변의 마을 인력과 자원을 적극 활용하자. 우리 아이들의 삶의 폭이 넓어지고 사회적응력을 키우기도 좋다. 바리스타 기술을 꼭 학교에서만 배울 것이 아니라 학교 주변에 있는 수많은 커피 전문점의 문을 두드려보자. 그곳이 우리 아이들의 실습처가 되고 직장이 될 수 있다.

세 번째, 우리 마을 대장정

특수학급을 졸업하는 학생들뿐만 아니라 일반학생들도 편하게 근무할 직장을 구하는 것이 쉽지 않다. 대부분의 졸업생들이 반복적인 작업이나 단순하고 지루한 일을 하게 되는 경우가 많다. 이러한 곳에서 잘 견뎌내기 위해서는 체력과 인내심이 절실하다. 그래서 아이들의 체력과 인내심을 키워주고자 학교에서 한강까지 한강 걷기 대탐험을 계획했다.

안전 문제도 있고, 한 번도 해보지 않은 일이라 추진하는 과정이 쉽지 않았다. 하지만 아이들에게 의미 있는 경험을 만들어주겠다는 마음으로 끝까지 밀어붙여 한강 걷기에 그치지 않고 지자체와 함께하는 향토순례까지 참여하는 발전을 이루었다. 이는 우리 아이들이 일반학급 학생들과 함께 걸으며 자연스럽게 소통하는 기회가 되었고, 더불어 인내심을 배우고, 자신감과 성취감도 느끼는 계기가 되었다.

네 번째, 우리 마을 병영체험

인근 군부대에서 교무실로 전화를 걸어왔다. 우리 학교 밴드부 공연을 요청하고 싶다는 용건이었다. 나는 밴드부 지도교사를 연결해주겠다며 대신 특수학급 학생들을 병영체험에 초대해달라고 요청하였다. 일종의 딜(협상)을 한 것이다. 군 관계자는 흔쾌히 약속을 했고 나는 이 기회를 놓칠세라 즉시 관내 고등학교 특수학급 연합으로 병영체험을 기획했다. 관내 8개 고등학교가 이 체험활동에 참여했다.

해당 부대에서는 우리 아이들의 병영체험을 위해 많은 프로그램을 준비해주었다. 군 관련 영상 및 장구류 착용 체험, 전투식량 체험이 이어졌다. 장비 체험에서는 실제 장갑차를 모든 학

지역 군부대 병영체험

생들이 타볼 수 있게 해주었다. 탄약부대여서 탄약창 적재 훈련도 관람할 수 있었다.

직업체험을 특정한 곳에 가서 하는 것이 아니라 마을의 자원을 활용하여 마을교육과 진로교육을 함께 실천한 것이다. 지역신문과 국방일보에 이 활동이 보도되기도 했다.

수많은 마을교육 자원이 우리 주변에 있다. 학부모부터 넓게는 지역사회 인사까지 모두가 우리 아이들의 스승이 될 수 있다. 스승의 범위를 넓게 볼 필요가 있다. '한 아이를 키우려면 온 마을이 필요하다'라는 아프리카 속담도 있지 않은가. 마을과 지역을 잘 살펴보면 우리 아이들에게 줄 수 있는 배움의 경험이 참 많다는 것을 알 수 있다. 특히 특수학급 아이들은 지역사회에서 더불어 살아가는 능력을 갖추는 것이 더욱 절실하기에 학교와 연계한 마을교육활동에 대한 특수교사의 다양한 고민과 실천이 필요하다.

7. 특수학급 실천 이야기

특수교육이
나아갈 방향

혁신교육! 구체적으로 뭘 하는 건가요? 특수교육에서 혁신교육은 무
엇을 의미할까요?

#1. 혁신교육은 학교가 변화하고자 하는 작은 노력에서 시
작되었다. 이러한 작은 움직임 속에서 혁신교육은 새로운 교육
의 변화를 이끄는 주역으로서 학교교육 정상화에 앞장섰고, 혁
신교육의 전국적 확산이란 성과를 이뤘다. 혁신교육의 철학 정
립 및 정책 실현을 추구하면서 공공성 기반의 정책을 통해 교
육의 정상화를 이루고 있다.

이제는 특수교육에서도 혁신교육의 바람이 불고 있다. 혁신

교육의 양적 확대를 넘어 질적 확대의 변화가 필요하며 앞으로 특수교육에서 혁신교육은 완성형이 아닌 진행형의 관점에서 특수교육대상학생의 미래를 대비하는 교육체제가 되어야 한다.

미래교육을 준비하기 위한 특수교육형 혁신교육의 방안으로는 첫째, 특수교사를 중심으로 혁신리더 그룹을 양성하고 모델 학교 형태의 특수학교 파일럿 스쿨을 구축한다. 이를 중심으로 마을과 혁신교육 네트워크를 구축하여 지역의 특색에 맞는 지역교육 모델을 만든다. 혁신학교가 확대되면서 점점 표준화가 되어가는데, 이를 극복하기 위해서는 마을, 혁신학교, 혁신공감학교가 연대하여 특수교육에 지역의 색깔을 입히는 마을형 특수교육 정착이 필요하다.

두 번째, 혁신교육의 성장과 정책의 정립에도 불구하고 아직도 존재하는 혁신교육의 사각지대를 해결해야 한다. 혁신학교의 시작점이었던 경기도에 오히려 혁신특수학교가 전무하다. 특수교육 공동체학교라는 형태가 있지만, 혁신학교 모델로는 아직 부족하다. 또 혁신학교 내 특수학급은 혁신교육의 범위 안에 있지만 그 내용이 세세히 다루어지지 못하고 있다.

혁신교육의 사각지대는 혁신교육의 지속적인 심화와 발전의 필요성을 높이는 요인이다. 혁신 철학을 재정립하고 유·초·중·고·특수학교 급간에 대한 연계형 혁신교육 모델의 개발이 필요하다.

셋째, 혁신교육의 지속성과 내실화를 위해서는 모두가 리더가 되는 민주적 시스템이 필요하다. 혁신리더 그룹이 중심이 되면 그들에게만 가시적 성과를 요구하고 과중한 업무 부담을 주어 결국 리더의 소진으로 이어진다. 혁신학교 아카데미와 혁신리더 과정 연수 등 내실화 노력이 필요하다. 소수가 아닌 모두가 리더가 되는 혁신교육을 만들어가야 한다. 그런데 경기도의 경우 혁신교육 아카데미 및 혁신리더 과정 연수에는 혁신학교가 아니면 참여할 수 없다.* 이런 시스템하에서는 혁신학교 지정이 없는 특수학교는 이러한 과정에 참여할 기회조차 없다.

마지막으로 학교 공간의 혁신이 필요하다. 네모난 교실은 사무실, 상점, 공장과 다를 것이 없다. 가르치는 공간에서 배움의 공간으로, 교실에서 학교로, 학교에서 마을로 나아가야 미래형 혁신학교의 지속성과 방향성을 만들어갈 수 있다. 보편적 설계 UD 개념으로 특수학교를 짓게 되면 좀더 다채로운 환경에서 아이들이 뛰놀고 공부할 수 있게 된다. 내부적 변화 못지 않게 환경적 구성의 혁신적 변화도 필요하다.

이제는 아무도 기대하지 않은 성공이 아니라 지속 가능한 성공을 고민해야 한다. 미래사회에 대비하는 교육정책은 마을과의 연계와 협력이 필요하며, 특수교육의 다양성을 인정해야

---

* 경기도의 경우 혁신학교 지정 특수학교가 없다.

한다. 앞으로의 10년을 위해 새롭게 도약하는 특수교육형 혁신 교육을 지금 당장 시작해야 한다.

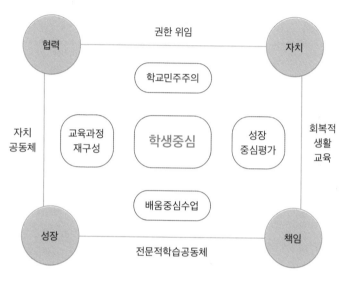

혁신교육의 구조-경기도교육청*

#2. 이제 갓 첫발을 내딛는 1년 차 혁신학교에서 특수교사 인 내가 혁신부장을 맡게 된 적이 있다. 그때 첫 번째 고민은 혁신학교에 대한 교직원의 이해와 공감이었다. 그래서 새 학년 시작 전 3일간의 워크숍을 기획하고 진행하면서 관내·외 혁신

* 출처 : 경기도교육지원청 학교정책과(2018)

학교 교사들의 이야기를 듣는 시간을 가졌다. 공감대 형성을 위해 핵심 가치들을 함께 찾고 학교 비전도 세웠다. 그렇게 만들어진 것이 '배·배·나·행' 공동체 철학이었다. '배움, 배려, 나눔, 행복 그리고 공동체'라는 핵심 가치를 세우고 이 가치를 교육활동 속에 담아내기 위한 새 학년 프로그램을 꾸렸다.

학교의 핵심 가치를 토대로 교사, 학생 모두가 혁신카드를 작성하여 배움, 배려, 나눔, 행복, 공동체 가치에 대한 생각을 나누도록 학교 여러 공간에 하나하나 붙였다. 학년과 학급의 특색을 반영하기 위해 교실 별칭과 공동체별 실천 약속을 함께 만들어가며 혁신 비전과 철학을 교육공동체 모두가 공유했다.

형식적으로 운영되던 전문적학습공동체에서 실천하는 공동체로 나아가기 위해 학년별로 재구성하고, 지원을 구체화했다. 수업 공유와 개방, 나눔 실천의 필요성을 교사들 스스로 깨닫고 실천할 수 있게 지원했다.

학기 말 수업 쇼케이스를 기획하여 작은 수업 콘퍼런스를 진행했다. 물론 특수학급 교육활동 사례를 제일 먼저 발표했다.

학부모의 날 행사 시즌 3.0을 준비하며 학교 교육공동체 모두가 모여 교과 특성에 맞춰 교과별 미션 활동을 진행하고 학부모, 학생, 교사 모두가 함께 어울리는 우리 학교만의 혁신교육활동을 준비했다. 이러한 활동은 교사들의 자발성이 선행되어야 한다.

학교 교육공동체가 공동 비전이라는 방향 아래 학교혁신을 만들어가는 것이 쉽지 않다. 교사와 학생의 이해 부족, 학부모의 지나친 기대, 뭐라도 성과가 있어야 한다는 조급증, 그리고 혁신리더들의 소진과 부담 등이 공존한다. 하지만 확실한 것은 이 작은 변화가 진정한 교육으로 나아가는 방향이라는 것이다.

혁신학교를 경험하며 느낀 점 중 하나는 바로 '관계'의 중요성이다. 관계라는 거름은 혁신학교라는 나무를 튼튼하게 자라게 했다. 그것이 바로 학교의 가장 큰 강점이 될 수 있다.

느리게, 아주 천천히 혁신학교의 틀을 함께 만들며 모두가 혁신리더가 되어 마을과 함께 걷는 특수교육형 혁신학교를 확산시켜나가야 할 것이다.

온라인
수업 방식

① 구글 행아웃, 행아웃미트, 줌(ZOOM), 마이크로소프트 팀즈 등의 화상 원격 플랫폼을 활용한 실시간 쌍방향 수업

② e학습터, 인터넷 학습 영상과 교사 자체 제작 자료에 기반한 콘텐츠 활용 수업

③ 학습지 및 소감문 작성 등의 과제 수행 수업

④ 그 밖의 교육감·학교장이 인정하는 수업

원격수업에 대한 이야기는 오래 전부터 논의가 되고 있었고, 이 기회를 통해 다각도의 교육 형태를 시도해보면 좋겠다.

Q. 온라인 수업으로 인한 개별화교육계획(IEP)은 어떻게 해야 하나요?

온라인 개학이라고 개별화교육계획 절차는 크게 다르지 않다. 다만 접근 방법의 차이는 발생한다. 등교 개학과 동일하게 온라인 개학을 포함하여 개학일로부터 2주 이내 개별화교육지원팀 구성을 해야 하며, 30일 이내 개별화교육계획 수립하고 이에 대한 사항을 보호자에게 안내하면 된다. 개별화교육지원팀 구성은 특수교육교원, 일반교육교원, 보호자 등을 포함하여 구성한다. 개별화교육지원팀 회의는 학교 실정에 맞추어 비대면 회의(영상 회의, 서면 자료 등)로 하거나 감염 예방 수칙을 준수한 뒤 대면 회의를 실시한다. 이때 개별화교육지원팀 역할은 온라인 개학에 따라 특수교육대상학생의 교육목표 및 내용, 교육방법, 기타 필요한 지원 등에 관한 사항을 논의하고 결정하여 추진하는 것이다.

Q. 온라인 수업으로 인한 출결과 평가는 어떻게 해야 할까요?

온라인 개학 이후 실시하는 원격수업은 정규 교육과정 수업 시수로 인정된다. 특수교육 역시 마찬가지로 교육부 방침에 따른다. 원격수업 과제, 영상 참여 등 활동에 대한 관찰과 대화 내용, 학생의 수업 태도나 참여도는 향후 개별화교육계획평가에 기재할 수 있다. 출결 처리는 학교별 유선 통화, 원격수업 실시간 참여, 학습관리시스템(LMS), 문자메시지 등을 확인하거나 학습 결과물과 학부모 확인서 등을 받아 사후에 확인 처리할 수 있다.

발달장애 등	시각장애	청각장애	지체(중복)장애
- 실시간 쌍방향, 콘텐츠 활용, 과제 수행 중심 원격수업	- 실시간 쌍방향, 콘텐츠 활용, 과제 수행 중심 원격수업 - 점역파일 제공 - 거점지원센터(수원)에서 원격수업에 필요한 기자재 지원	- 실시간 쌍방향, 콘텐츠 활용, 과제 수행 중심 원격수업 - 자막(문자, 수어) 지원 - 거점지원센터(용인)에서 원격수업에 필요한 기자재 지원	- 실시간 쌍방향, 콘텐츠 활용, 과제 수행 중심의 원격수업 - 보조공학기기를 활용한 원격수업 지원 - 거점지원센터(성남)에서 원격수업에 필요한 기자재 지원

특수학급(유) 특수학교(영/유아)	특수학급 (초,중,고)	순회학급 (센터 영아학급 포함)	특수학교 (초,중,고, 전공과)	병원학교
- 온라인 과제(놀이)수행형 - 특수학급의 경우 개학 시까지 통합학급 원격 지원 활동 참여 기회 제공	- 실시간 쌍방향, 콘텐츠 활용, 과제 수행 중심 원격수업 - 서비스 제공형 순회활동 - 원격수업+서비스제공형 순회활동 병행 - 통합학급 원격수업 참여 기회 제공	- 실시간 쌍방향, 콘텐츠 활용, 과제 수행 중심 원격수업 - 서비스 제공형 순회활동 - 주 단위 가정학습 자료 1회 이상 제공 권장	- 실시간 쌍방향, 콘텐츠 활용, 과제 수행 중심 원격수업 - 서비스 제공형 순회활동 - 원격수업+서비스 제공형 순회활동 병행	- 실시간 쌍방향, 콘텐츠 활용, 과제 수행 중심 원격수업 - 온라인과 유선, 영상통화로 학생의 정서, 학습 지원 - 서비스 제공형 순회활동 (학생의 건강을 고려하여 꼭 필요한 경우만 활용)

장애유형별, 학교(급)별 활용 가능한 원격 교육활동 유형[*]

---

[*] 경기도교육청: 2020학년도 장애학생 원격수업 운영 지원 계획

성장 스토리를 만들자

"너 왜 공부 안 하고 책 읽니?" 책 읽는 학생들이 흔히 듣는 말이다. 우리는 독서보다 입시에 필요한 지식이 우선되는 세상에 살고 있다. 미래교육, 미래학교에서는 더불어 살아가는 능력이 중요하다고 한다. 더불어 살아가는 능력은 특수교육대상학생들뿐만 아니라 미래사회를 대비하고 준비하는 모든 아이들에게 필요한 역량이기도 하다.

우리는 특수교육이라는 매개체를 통해 특수교육대상학생들의 사회적 성장을 지원하고 있다. 사회의 일원으로서 공동체 활동에 참여하여 자신의 삶을 만들어가도록 함께 고민한다. 미래의 교육은 교과, 교실, 교사 중심의 틀에서 벗어나 상호 협력을 통한 문제해결력과 융합사고력, 창의력과 통찰력을 키워가는 교육으로 변화하고 있다. 이러한 변화에 특수교육도 예외는 아니다.

늘 이야기하듯 미래는 준비하는 것이 아니라 지금 만들어가는 것이다. 그러기 위해서는 우리가 해야 할 본연의 길에 대한 고민과 실천이 필요하다. 그 첫걸음이 바로 가르침에 대한 성찰이다.

특수교사로서 성장하고 있는 이 순간 꽃길보다 열정을 택하는 교사가 되기를 바란다. 힘들고 고민될 때 아이를 중심으로 상황을 바라본다면 문제는 의외로 쉽게 해결되는 것을 느낄 수 있을 것이다. 익숙한 것을 하기보다 낯선 것들에 대한 끊임없는 도전과 노력이 교사의 성장에 큰 밑거름이 됨을 알아야 한다. 정답이 아닌 해답을 찾아가는 과정에서 아이들과 교사가 함께 성장함을 잊지 말자.

특수학급에 있다 보면 교실이라는 공간 안에 갇히기 쉽다. 특수학급 이야기를 작은 교실에서만 펼쳐 나가기보다 교실 밖에서 특수학급과 특수교사의 이야기를 마음껏 들려줄 수 있었으면 한다.

특수학급에서 홀로 아이들과 지내다 보면 무엇을 해야 할지, 어떻게 할지 막막할 때가 참 많다. 그럴 때 누군가가 들려주는 특수학급 이야기가 있었으면 하는 생각이 늘 마음 한켠에 자리잡고 있었다. 그래서 새롭게 특수학급을 시작하는 교사들에게 조금이나마 도움이 되고자 조심스럽게 글을 쓰기 시작했다.

특수교사로 지내온 내 작은 경험들이 시작하는 선생님들에게 조금이나마 도움을 주기를 바라며 신영복 교수의 말을 빌려 이 글을 마친다.

배운다는 것은 자기를 낮추는 것이며,
가르친다는 것은 다만 희망에 대하여 이야기하는 것이다.

- 신영복

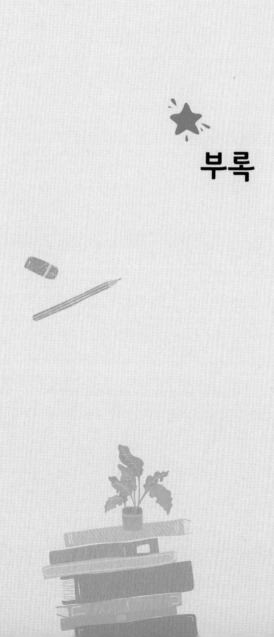

부록

특수교육지원센터
200% 활용하기

특수교육지원센터는 법적으로 반드시 설치되어야 하는 특수교육기관이다. 이는 장애인 등에 대한 특수교육법 제11조 「특수교육지원센터의 설치·운영」에 명시되어 있다. 이를 근거로 장애학생을 위한 보편적인 지원을 위한 특수교육지원센터를 지역을 담당하는 교육행정기관별로 설치하여 운영하고 있다. 지역주민의 접근이 편리한 곳에 설치되어야 하므로 일반적으로 지역교육지원청 단위로 설치되어 운영되는데, 특수학교(급)에 배치되어 있는 학생뿐만 아니라 장애 영유아까지 특수교육의 전반적 지원을 담당한다.

교사도 특수교육을 전공하지 않거나 주변에 특수교육대상자가 없으면 '이곳이 뭐 하는 곳이지?'라고 할 수 있다. 특수교육의 종합적인 질과 만족도 향상을 목표로 여러 가지 사업을 지원하고 있는 특수교육지원센터의 목적은 다음과 같다.

| 특수교육지원센터의 목적 |

① 특수교육지원체제 구축으로 특수교육의 질 향상 및 지원 확대

② 특수교육대상자의 조기발견 및 진단·평가 지원

③ 특수교육대상학생에 대한 순회교육 및 치료 관련 서비스 지원 확대로 특수교육 만족도 제고

④ 지역사회 유관기관과 협력체제 구축 및 일반학교 배치 특수교육대상학생 특수교육 지원 확대

특수교육지원센터의 대표적 업무로는 특수교육대상자 조기발견 및 홍보, 특수교육대상자의 진단·평가 지원 및 관리, 특수교육대상자를 위한 순회교육 및 진로·직업교육, 치료 지원(바우처 카드 및 관내 유, 초, 중, 고 순회 치료), 특수교육 방과후학교 운영 지원, 보조 공학기기 및 도서 지원, 치료 지원 바우처 카드 가맹기관 점검 등이 있다.

특수교육지원센터는 교육지원청별 특수교육의 허브와 플랫폼의 역할을 담당하고 있다. 특수교육을 받기 위해 가장 기본적으로 필요한 진단·평가를 하는 곳이자 아이의 장애 정도를 파악하여 교육기관에 적절히 배치(유·초·중)하는 역할을 한다. 또 장애학생 지원을 위한 체험버스 사업(일부지역) 등을 지역 특성에 맞게 지원하고 있다. 자체적으로 직업교육 프로그램을 운영하여 특수학급 학생들의 직업 기능을 향상시키는 프로그

램을 실시하는 센터도 있다.

이 외에 특수교육지원센터는 행정업무도 담당한다. 가장 중요한 역할은 교육지원청 중심으로 센터와 함께 지역 선생님들의 네트워크 형성을 지원하여 교사 간 상호 협력과 나눔의 장을 마련하는 것이다. 이러한 모임을 통해 주변 학교 선생님과 협력할 수 있는 네트워크가 만들어진다.

| 특수교육지원센터 역할 및 기능 |

① 특수교육대상자 진단·평가 지원

② 장애 영·유아 조기 진단 및 교육 지원

③ 특수교육대상자 치료 지원(특수교육 관련 서비스)

④ 특수교육대상자 순회교육(특수교육 관련 서비스)

⑤ 특수교육대상자 가족 지원(특수교육 관련 서비스)

⑥ 교구 및 보조공학기기 지원 (특수교육 관련 서비스)

⑦ 지역사회 유관기관과 협력 체제 구축(상설 모니터단)

⑧ 특수교육 강화를 위한 연수, 교수학습활동 지원

치료 지원, 방과후활동 지원, 교사 및 보조인력 연수 등 센터를 중심으로 하는 특수교육활동이 다양하므로 특수교사로서는 센터와 긴밀한 관계를 유지하고 있어야 한다.

건강장애학생
지도 방법

　건강장애학생도 특수교육대상자로 분류되어 특수학급에서 특수교사가 학생에게 필요한 학교생활에 대한 전반적인 안내와 관리를 하게 된다.

　건강상의 이유로 3개월 이상의 장기 입원이나 통원치료 등의 지속적인 의료 지원이 필요한 학생은 온라인 강의 형태로 교육적 지원을 받는다. 이러한 온라인 강의 학교를 꿈사랑학교*라고 한다. 건강장애학생은 꿈사랑학교에 온라인으로 접속하는 것으로 학교 출석을 인정받는데, 꿈사랑학교의 출결 자료를 기준으로 통합학급 담임 선생님이 출결처리를 한다.

　내가 근무하던 중학교에 새로 입학하는 학생 중 건강장애학

---

* 꿈사랑학교는 소아암과 난치성 질환 그리고 불의의 사고로 장기간(3개월 이상) 학교 수업이 어려운 학생들에게 원격으로 화상 강의를 지원하여 학업을 이어갈 수 있도록 위탁 운영하는 기관이다. 지역에 따라 이름을 다르게 부르기도 한다. 서울 일부는 꿀맛무지개학교, 충남은 꿈빛나래학교라고 부른다.

생이 있었다. 남학생이었는데 초등학교 저학년 때 발병하여 통원치료와 입원을 병행하며 치료를 진행하고 있었다. 건강장애학생의 입학 정보를 듣고 부모님께 전화하여 아이의 상태를 물어보고 학교에서 필요한 서류(꿈사랑 학교 신청서, 동의서 등)를 작성하도록 안내했다.

내교한 학부모님과 아이에 관해 상담하고 학기 초 급한 업무를 최대한 빨리 마무리한 다음 부모님과 시간을 맞추어 가정을 방문했다. 건강장애학생이 있다면 반드시 가정방문을 하여 가정환경을 확인하고 아이와 대화도 나누어야 한다. 이때 통합학급 담임 선생님도 꼭 함께 가야 한다. 건강장애학생이 특수교육대상자로 분류되어 있기는 하지만 소속은 통합학급이고 출결 및 생활기록부 작성 등 학생 관리 및 지도의 의무가 담임에게 있기 때문이다.

어머니와 단둘이 사는 아이의 가정환경을 확인한 나는 학교 교육복지사업 대상자로 이 아이를 추천했고, 최종 선정이 되어 아이는 학업에 필요한 교육 복지지원을 받을 수 있었다.

가정 방문과 정기적인 학부모와의 전화 상담을 통해 아이가 학교에 등교하지는 않더라도 학교의 학생으로서 소속감을 가질 수 있게 해야 한다. 특수한 상황에 놓인 학부모님과 학생이 소속감과 신뢰 속에서 학업을 포기하지 않고 이어갈 수 있도록 이끄는 것이 학교의 역할이자 특수교사와 담임교사의 임무이다.

진로직업특수교육지원센터 활용하기(경기도 사례)

진로직업특수교육지원센터는 특수교육대상학생의 진로직업교육과 취업지도에 관한 전반적인 사항을 지원한다. 현재 경기도에서는 5개 권역으로 권역별 센터를 운영하고 있다. 주로 중고등학교 특수학교(급) 학생을 대상으로 진로직업교육과 취업지도를 한다.

권역별 지자체 기관과 연계하고, 지역 산업체와 협력하여 장애학생의 현장실습과 취업을 지원한다. 구체적으로는 마을 내 산학협력 업체를 지정하여 운영하거나 지역별 장애인 복지관과 시청과의 연계를 통한 취업 및 현장실습처를 지속적으로 구축하는 역할을 담당한다. 이외에도 사회적 자립 및 개인의 삶과 연계된 면접, CS교육(고객 응대 친절 서비스 교육), 체력 향상, 학부모교육, 교사 연수, 소셜마켓과 같은 경제활동 사업까지 실시하고 있다.

| 진로직업특수교육지원센터 기본 운영 방향 |

① 센터 중심 고등학교 직업교육 연계 지원

② 학생의 특성에 맞는 직업 및 직업적응훈련 실시

③ 모의작업과 현장 중심 직업교육 실습 지원

④ 교사 전문성 신장: 교사 대상 연수 및 연구회 지원

⑤ 학부모 지원: 가족 대상 연수, 견학

⑥ 통합형 거점학교, 학교기업과 연계하여 직업교육 및 사회통합
교육 지원

⑦ 취업 사업체 발굴과 연계 기관 선정: 교사-학생-학부모 지원,
지역사회 연계

경기도는 '각급 학교 내 장애인 일자리 사업'을 통해 경기도
교육지원청 내에 수백 명의 장애학생을 고용하고 있다. 센터 및
해당 교육지원청에서 사후 지도 및 관리를 담당한다. 경기도 교
육지원청 산하기관에 근무하는 장애학생의 일자리 형태는 특수
교육 보조, 급식 보조, 교무 보조, 행정 보조, 사서 보조 등이다.

유관기관과 연계한 장애학생 취업지원 및 직업재활교육 사
업, 직무탐색 프로그램과 산업체 파급형 직무체험 프로그램, 직
무 관련 대회 등 다양한 진로향상 프로그램을 운영하고 있다.

고등학교에 근무하는 특수교사는 항상 이러한 내용을 염두
에 두고 취업 정보에 늘 귀를 열어두고 있어야 한다. 또한 교사,

교장·교감, 학부모를 대상으로 하는 연수에 산업체 견학을 포함시켜 우리 학생들에게 무엇이 필요하고 어떤 준비를 해야 하는지에 대해 함께 고민하고 생각하는 자리를 만들도록 한다.

학생들의 학교 이후의 삶을 그리기 위해서 학생들의 특성을 누구보다 잘 알고 있는 특수교사가 학생, 학부모와 함께 진로를 설계하면서 센터를 적극적으로 활용하면 좋겠다. 특수학급은 특수교사의 역량에 좌우된다. 교사의 노력과 고민의 깊이만큼 학생이 성장한다는 것을 잊지 말아야 할 것이다.

원격수업 서비스
길라잡이

실시간 쌍방향 원격수업에 활용할 수 있는 대표적인 4가지 서비스로 구글의 행아웃Hangout과 행아웃미트Hangout Meet, 마이크로소프트MS의 팀즈Teams, 줌Zoom 그리고 EBS에서 실시하는 온라인 클래스가 있다.

1. 행아웃과 행아웃미트

구글에서 제공하고 있는 영상회의 서비스로 행아웃은 구글 아이디만 있으면 바로 접속해 무료로 사용할 수 있고, 행아웃미트는 구글 지스위트G-Suite라는 유료 서비스에 가입해야 사용할 수 있다(경기도의 경우 학교 계정을 받아 무료로 사용할 수 있다). 행아웃은 최대 25명이 동시에 화상수업에 참여할 수 있고, 행아웃미트는 100~250명이 참여 가능하며 학교 버전G-suite for education은 100명까지 참여할 수 있다.

초대는 링크 형태로 이루어진다. 수업 주체자가 기본적이 화면 제어를 할 수 있는 장점이 있다. 그리고 구글 캘린더를 사용하고 있다면 행아웃과 구글이 연동이 되기 때문에 손쉽게 원격수업이나 화상 회의를 할 수 있고, 구글 드라이브 문서 등을 수업이나 회의 때 손쉽게 활용할 수 있다.

2. 팀즈

팀즈는 MS에서 만든 업무용 메신저로 MS 오피스와 통합하여 이용할 수 있다. MS 팀즈는 250명 이하 인원이 참여 가능하며 MS 오피스 문서를 쉽게 불러와 공유할 수 있다. 부분 유료 형태로 가입하면 6개월 동안은 무료로 이용할 수 있다.

심즈 프로그램을 설치하기를 권장하지만 별도의 프로그램 설치 없이도 수업이 가능하다. 수업 중 실시간 채팅으로 대화를 나누고 특수교육대상학생의 질문에 답변을 할 수 있다. MS 오피스 파일로 제작한 수업 자료나 활동지를 실시간으로 보여주거나 전송할 수 있으며 활동지를 출력할 수 없는 가정은 채팅 창 등을 통해 과제를 실시간으로 제출할 수 있다. 특수교육대상학생의 수준과 특성에 따라 학부모가 함께하는 것을 권장한다.

3. 줌

줌은 40분간은 무료이며 100명까지 이용할 수 있다. 화면 공유뿐만 아니라 펜 기능으로 화면 공유 중에 텍스트 입력이 가능하고, 다양한 도형도 넣을 수 있다. 화상 회의를 할 때 탁월한 효과(화면 녹화, 라이브스트리밍, 가상 배경, 상대방 제어 자체 녹화)를 갖고 있다. 태블릿이나 PC에 앱을 설치하고 회원가입만 하면 원격수업을 개설할 수 있고, 코드 번호만 입력하면 회원가입 없이 누구나 쉽게 참여할 수 있어 현재 학교에서 가장 많이 활용하고 있다. 수업 내용에 따라 10~15분가량 실시하고 나머지 시간은 과제를 제출하도록 수업을 진행하는 것이 좋다.

4. EBS 온라인 클래스

EBS 온라인 클래스는 수많은 EBS 수업 영상을 활용하여 강좌를 개설할 수 있는 형태의 온라인 학습방이다. 학생의 학습 시작부터, 진도율, 학습현황을 실시간으로 파악할 수 있고, EBS 영상을 중심으로 원격수업을 교사가 손쉽게 적용할 수 있다. 또 특수교육대상학생의 특성에 맞게 특수교사가 직접 영상이나 콘텐츠를 제작하여 올릴 수 있다. 인터넷 환경이 되는 곳에서 PC나 스마트폰으로도 참여할 수 있다. EBS 온라인 클래스는 EBS 온라인 클래스(oc.ebssw.kr) 사이트에 접속하여 학생이 회원가입 후 학교 혹은 학급 선생님이 승인하여 학습을 진행한다.

5. 이외의 다양한 온라인 수업 사이트

사이트	내용	링크 주소
디지털 교과서	교과서 내용에 동영상, 평가문항 등 멀티미디어 자료 추가, 외부 지원 연계, 관리 기능이 부과된 디지털 교과서 활용	atbook.edunet
e학습터	동영상, 평가문항 위주로 초중학생의 자기주도적 학습 지원	cls.edunet.net
위두랑	온라인 클래스 개설을 통한 초중고등학생 학습 관리	rang.edunet.net
한글 또박또박	초등 저학년을 위한 웹 기반 시스템 활용 한글 익힘 수준 분석 및 한글 익히기 지원	ihangul.kr
기초학력향상지원 꾸꾸	맞춤형 향상 자료, 학습부진 유형별 학생 진단도구 및 지도자료, 학습부진 학생의 학습활동 관리 프로그램, 학습전략 및 학습동기 향상을 위한 학습부진 학생 도움 프로그램 지원	basics.re.kr
두리안	한국어, 한국문화 기초 학습 자료 제공	www.ebs.co.kr/durian
국립어린이청소년 도서관 (다국어 동화제공)	어린이 동화 제공	storytelling.nlcy.go.kr

● 자료 제공: 경기도교육청

특수교육 관련
웹사이트

장애이해교육

기관명	주소	내용
장애인먼저실천 운동본부	www.wefirst.or.kr	장애이해 관련 콘텐츠 제공, 장애이해드라마 〈대한민국1교시〉
파라다이스 복지재 단 버디&키디	www.paradise.or.kr	학교 방문 장애이해 인형극팀 지원 사업
아이소리넷	www.isori.net	장애 및 장애인식개선 콘텐츠 제공, 특수교육 자료

학습자료

기관명	주소	내용
세티넷	www.setea.net	특수교사를 위한 특수교육 학습자료방
특수교육정보 자료실	edup.goe.go.kr/kysenet	경기도교육청 운영 특수교육자료실
에듀에이블	www.eduable.net	장애학생을 위한 특수교육 종합 정보 자료실
아이스크림	www.i-scream.co.kr	디지털 수업자료, 초등교사 커뮤니티, 자료보관함, 활동지, 알림장(특수학교 교사 재직증명서 제출 시 무료 이용 가능)
인디스쿨	www.indischool.com	초등교사 커뮤니티, 학년별, 업무별, 지역별, 연령별 게시판, 교육 자료실 운영.

진로직업

기관명	주소	내용
잡에이블(교육부 국립특수교육원)	www.nise.go.kr	장애학생 진로직업 정보 사이트
워크투게더 (장애인고용포털)	www.worktogether.or.kr	장애인 고용 사이트, 장애인 구인구직, 취업 뉴스 정보 등
한국장애인고용공단 직업능력 개발원	campus.kead.or.kr	한국장애인고용공단 산하기관, 능력개발원소개, 입학안내, 교육훈련과정, 재활프로그램 소개

학교폭력/인권교육

기관명	주소	내용
에듀에이블 인권교육	www.eduable.net	인권침해 예방 콘텐츠 및 멀티미디어 자료 제공
아동안전사이버 교육센터	childsafe.kohi.or.kr	학교현장에서 효율적으로 사용할 수 있는 안전교육 자료 제공
도란도란 학교폭력 예방 누리집	doran.edunet.net	교육부 운영, 학교폭력 예방 누리집, 학교폭력 신고, 대책, 인성교육, 상담 등 안내.
한국성폭력상담소	www.sisters.or.kr	피해사례, 대응법, 법률 정보, 메일상담실 제공.
푸른 아우성	www.aoosung.com	구성애 성교육, 성희롱 예방교육, 초중 성교육 캠프,
[사단법인] 장애우 권익문제연구소	www.cowalk.or.kr	인권사업, 인권교육, 시민교육, 학대피해 장애인 지원

교육과정 재구성(해외 사이트)

기관명	주소	내용
보편적학습설계 (UDL) 센터	www.udlcenter.org	보편적학습설계 관련 정보 제공
에듀토피아	www.edutopia.org	교수 전략 및 교육 프로그램 관련 다수 정보 제공
센티처	www.senteacher.org	교과별 교육과정 수정 및 장애별 교수학습자료 제공

그 밖에

기관명	주소	내용
국가법령정보센터	www.law.go.kr	특수교육 관련 법률 정보
꿈사랑학교	www.nanura.org	건강장애학생을 대상으로 실시간 화상강의를 제공하여 학습 결손을 보완, 유예방지

같은 학교에서 근무하던 시절, 저자가 교실에 남아 학생들의 수업자료를 만들던 모습이 아련히 떠오릅니다. 따뜻한 시선으로 신규 선생님들의 고민을 들어주는 이 책은 단연코 특수학급을 처음 시작하는 선생님들에게 추천하는 첫 번째 책이 될 것입니다.

— 강성구 (공주대학교부설특수학교 특수교사)

특수학급을 맡게 될 후배 선생님들에 대한 저자의 지극한 애정이 느껴지는 책. 특수학급 교사는 정말 많은 역할과 책무성이 주어지는 1인 기업의 CEO와도 같습니다. 이 책을 통해서 많은 특수학급 교사가 행복하고 따뜻한 통합교육 공동체의 리더가 되기를 기대합니다.

— 김수연 (경인교육대학교 특수교육과 교수)

특수학급으로 첫 발령을 받은 신규교사는 특수학급이라는 배를 혼자서 운항해야 한다는 부담감을 갖습니다. 이 책은 이러한 교사들이 방향을 찾는 지표이자 해결서가 되어줄 것입니다.

— 이미숙 (공주대학교 특수교육과 교수)

《특수교사119》는 특수학급 운영과 관련해서 무엇 하나 빠짐이 없고, 특수교사의 고민을 함께하며 해결책을 안내하려는 저자의 마음이 보이는 멋진 책입니다. 당신의 꿈이 좋은 특수교사라면 한 번쯤 봐도 좋은 책이 아니라 옆에 두고 내내 읽어볼 책으로 추천! 또 추천합니다.

— 박경숙 (창원 천광학교 특수교사)

이 책의 이야기를 통해 우리는 특수교사로서 느꼈던 교직에 대한 설렘, 우리 아이들을 향한 뜨거운 열정과 사랑, 수업을 통해 얻었던 보람과 행복을 다시금 확인하며 끊임없이 도전하고 성장하는 계기가 될 것입니다.

— 오지원 (안양동초등학교 특수교사)

책을 읽어갈수록 누구보다 치열하게 보내온 한 특수교사가 보입니다. 실제적이지만 친절하게 다양한 학급운영의 노하우를 지도해주는 선배교사 말입니다. "이런 내용까지?" 감탄사가 나올 정도로 중요하지만 놓치기 쉬운 세세한 부분까지 담겨 있습니다.

- 백성호(동두천중앙고 특수교사)

첫 발령을 받고 행복했던 마음도 잠시, 아직은 부족한 신규교사라서 두려움이 앞섰습니다. '이럴 땐 어떻게 해야 할까?' 명확한 답이 있으면 얼마나 좋을까 했는데 드디어 모든 신규교사가 한 번쯤은 겪어봤을 고민에 대한 해결책을 제시해주는 책이 나와 반갑습니다.

- 김빛나(광명특수교육지원센터 특수교사)

원재연 선생님의 책은 무척 친절합니다. 특수교육의 원칙과 이념은 물론 어떻게 하면 교육현장을 효율적으로 운영할 수 있는지에 대한 멋진 노하우들이 들어 있습니다. 특수교육의 안과 밖을 모두 조망할 수 있는 멋진 가이드북이 나왔네요.

- 배재희(두일중학교 특수교사)

특수학급을 운영하면서 머릿속에 품었던 여러 개의 '물음표'에 대한 해답을 찾았습니다. 또 꾸준히 노력하고 새롭게 시도하는 특수교사의 열정이 고스란히 담겨 있습니다. 특수교사들이 옆에 두고 의지할 수 있는 동료교사, 선배교사와 같은 책입니다.

- 이지원(경은학교 특수교사)

통합교육 아래 특수교육은 급속한 양적 팽창을 이루어 왔지만 특수학급의 특수교사만 덩그러니 학교 안에 혼자 있었습니다. 그런 우리들에게 이 책은 우리의 가치와 중요성을 차근차근 짚어보며 고민할 수 있는 시간을 줍니다.

- 한재희(대경중학교 특수교사)